GTB
Gütersloher Taschenbücher
1419

Pinchas Lapide

(1922–1997), jüdischer Theologe und Religionswissenschaftler.
Er war Institutsleiter an der Bar-Ilan-Universität (Israel) und hatte
Gastprofessuren an theologischen Fakultäten in Deutschland und in
der Schweiz inne. Zahlreiche Veröffentlichungen zu Problemen
des neuen Testaments und zum jüdisch-christlichen Dialog.

Pinchas Lapide

Wer war **schuld** an Jesu Tod?

Sigrid Röthemeyer

GÜTERSLOHER VERLAGSHAUS

Originalausgabe

CIP-Titelaufnahme der Deutschen Bibliothek

Lapide, Pinchas:
Wer war schuld an Jesu Tod? / Pinchas Lapide. – Orig.-Ausg.,
4. Aufl., – Gütersloh : Gütersloher Verl.-Haus, 2000
   (Gütersloher Taschenbücher; 1419)
   ISBN 3-579-01419-6
NE: GT

ISBN 3-579-01419-6
4. Auflage, 2000
© Gütersloher Verlagshaus, Gütersloh 1987

Umschlaggestaltung: INIT, Bielefeld, unter Verwendung eines
Fotos von Raul Niemann (Altes ostwestfälisches Kreuzwegrelief)
Satz: ICS Communikations-Service GmbH, Bergisch Gladbach
Druck und Bindearbeiten: Clausen & Bosse, Leck
Printed in Germany

Inhalt

»Biblisch-historisch gesehen, nach den übereinstimmenden, ausführlichen Berichten der vier Evangelien, trägt allein das jüdische Volk die Schuld am Kreuzigungstod Jesu.« So steht es im »Pfälzischen Pfarrerblatt« vom Dezember 1984 aus der Feder von Pfarrer Paul Schenk. »Der tödliche Jesushaß des zeitgenössischen Judentums, der zur Kreuzigung Jesu geführt hat«, wird vom Theologen Ethelbert Stauffer in einem Sammelband, der 1982 in Berlin erschien, als »historische Tatsache« bezeichnet. »Es war in Israel, daß das Verbrechen des Gottesmordes begangen wurde«, so schreibt Pater Josef Tischner, der geistige Mentor der polnischen »Solidarnosz«, in einem Buch, das im Jahre 1982 von einem vatikanischen Verlagshaus veröffentlicht wurde, und er fügt hinzu, daß »die Israeliten« für dieses Verbrechen eines Tages »vor Gericht Rechenschaft ablegen werden müssen«.

»Von seinem eigenen jüdischen Volk (wurde Christus) abgelehnt, weggeworfen und umgebracht«, so schreibt der Chefredakteur der evangelisch-reformierten Monatszeitung »Saemann« in Bern im Heft Nr. 7 anno 1986. Der Theologe H. Frankemölle (und nicht nur er) lehrt, daß im Zusammenhang mit Jesu Tod am Kreuz Mt. 27,25 eine »geschichtsbestimmende Selbstverfluchung« sei, durch die ganz Israel »sein Privileg als Bundesvolk für immer verlor«.[1]

Wer als jüdischer Theologe solche und allzu viele ähnliche Aussagen zu lesen bekommt, vier Jahrzehnte nach dem Völkermord an Jesu leiblichen Brüdern und Schwestern, der kann nur wehmütig folgern, daß der Nazarener recht behielt, als er zu den Seinen sagte: »*Ihr werdet von allen gehaßt werden um meines Namens willen*« (Mk 13, 13). Denn auf Golgotha beginnt ein ununterbro-

---

1. Gottesbund und Kirche Christi, Münster 1972, S. 354

chener Kreuzweg, eine unsagbar traurige Leidensgeschichte von Blut und Tränen, die erst in Auschwitz endet. — Endet? Hoffentlich! Was dabei überall zu kurz kam, war das Evangelium der Liebe. Was die Oberhand gewann, waren Machtgier und Mordlust. Wer dran glauben mußte, waren die Juden. »Sieh doch, wie vieler Dinge sie dich anklagen!« (Mk 15, 4). Seit 1900 Jahren gilt diese Pilatus-Frage dem Volk Israel, das noch immer auf der Anklagebank sitzt und eine Flutwelle von Verleumdungen über sich ergehen lassen muß: Zinswucher, Habgier, »Pharisäerheuchelei«, Judasnatur, frauenfeindlicher Patriarchalismus, Gesetzesreligion, blutige Vergeltungsmoral, Rachsucht, Erwählungsdünkel, Werkgerechtigkeit — aber vor allem geht es noch immer um ein Verbrechen, das so ungeheuerlich ist, daß die Kirchenväter einen neuen Begriff dafür prägen mußten, um es zu beschreiben: Deizid — die jüdische Feder sträubt sich, die Blasphemie zu übersetzen: Gottesmord.

Kein Wunder, daß die Ermordung solcher »Gottesmörder« bald von Christen zur gottgefälligen Tat erhoben werden konnte, denn für diejenigen, die (angeblich) imstande waren, den Heiland selbst umzubringen, waren natürlich Missetaten wie Brunnenvergiftung, Ritualmord, Hostienschändung, Pestverbreitung und Christenverhexung das reinste Kinderspiel.

So folgerten jahrhundertelang die breiten Volksmengen in ganz Europa, und einige — so scheint es — sind noch immer dieser Meinung. Was tun?

Für diejenigen, die den Judenhaß als Ergänzung für ihre Jesusliebe benötigen oder die in ihrer Glaubenswelt ohne Feindbilder nicht auskommen können, ist jeder Appell an die Vernunft vergeblich. Doch die Dunkelheiten des Fanatismus sind hoffentlich so gut wie hinter uns. Absolutheitsansprüche, Heilsmonopole und Uniformitätszwang kommen langsam aus der Mode. In allen Kirchen gärt und brodelt es — ein heilsames Zeichen ihrer lebendigen Dynamik. Allmählich wächst die Zahl der Christen, die vernünftig glauben wollen und ihre Bibel ernst genug nehmen, um sie auch historisch und kritisch zu lesen. Die Einsicht wächst, daß der Bibelglauben niemals ein einsamer Monolog gewesen ist, sondern erst im lebendigen Ich-und-Du des Zwiegesprächs seine Tiefendimension erschließt.

»Juden und Christen sind Brüder«, so heißt es oft in wohlgemeinten Predigten und Kirchendokumenten. Gewiß! Aber Kain und Abel waren ja auch Brüder. Um zu einer echten Brüderlichkeit vorzustoßen, weit über Zeremonien und Lippendienst hinweg, bedarf es zunächst einmal einer monumentalen Schuttabräumung von jahrtausendealten Vorurteilen, Mißverständnissen und Fehlübersetzungen.

Das geht natürlich nicht über Nacht. Um vom Glaubenskern der Liebesbotschaft Jesu alle späteren Verkrustungen der Polemik und der Animosität abzuschälen, bedarf es nicht weniger als einer tiefschürfenden Überarbeitung der Katechese, der Kanzelpredigt und des christlichen Religionsunterrichts.

»Das geht uns nichts an; das sind interne Kirchenangelegenheiten«, so mögen einige Juden einwenden. Kirchenintern sind Fragen wie Christologie, Trinität und Eucharistie, aber ein christliches Umdenken im Hinblick auf die Juden und das Judentum ist für uns eine Frage von Leben und Tod. Allzu lange waren Juden das stumme, passive Objekt einer Kirchen-Theoloie, deren Theorie vom »Gottesmord« letzten Endes zum Wegbereiter des Völkermordes werden konnte. »Was sucht der Jude in unserer Theologie?« So könnten etliche Christen einwenden. Wenn christliche Alttestamentler sich seit Jahrhunderten kritisch mit der Hebräischen Bibel auseinandersetzen, so dürfen wohl auch jüdische Neutestamentler bei der heutigen Suche nach dem irdischen Jesus und seiner Botschaft mitwirken – um so mehr, als die historische Erfahrung uns gelehrt hat, daß die Wirkungsgeschichte christlicher Theologie auch künftige Generationen von Juden unmittelbar betreffen wird. Nicht zu vergessen ist ebenso, daß Jesus selbst, die gesamte Apostelschar, seine Frohbotschaft und »das ganze Volk«, das »zu ihm kam« (Joh 8, 2), das »an Jesus hing und ihm zuhörte« (Lk 19, 48) und »sich über seine herrlichen Taten freute« (Lk 13, 17), zum integralen Bestand der jüdischen Geschichte gehört.

Als ersten Schritt auf diesem langen Weg vom Gegeneinander zum Miteinander geht es in diesem Buch um die Beseitigung der ältesten und mörderischesten Waffen im Arsenal des sich als »christlich« gebärdenden Antijudaismus: des sogenannten Judasverrats und der pauschalen Anklage des Christusmordes von Judenhand.

Judas — verkannt und verraten?

Der Judasmythos

»Ich bitte meine Leser, die Aussagen des Evangelisten Johannes im Zusammenhang mit Luthers Schrift ›Von den Juden und ihren Lügen‹ zu überprüfen (...) wohlgemerkt, es liegt mir fern, den Evangelisten Johannes auf eine Stufe mit Faschisten zu stellen und Verketzerung und Vergasung in einem Atem zu nennen. Es liegt mir aber ebenso fern, vergessen zu lassen, daß es keineswegs ein pures Mißverständnis war, wenn die Antisemiten sich, zwei Jahrtausende lang, auf jene johannäische Juden-Deutung beriefen, die Pogrom- und Lynchjustiz entschuldbar macht: eine Deutung, in deren Zentrum als Beweis aus Fleisch und Blut Judas Ischarioth steht.«

Walter Jens aus Tübingen, dessen obige Worte aus seinem Buch »Der Fall Judas« stammen, übertreibt leider nicht.

Allen Kirchenverlautbarungen, päpstlichen Erklärungen und wohlmeinenden Synodenbeschlüssen zum Trotz, bleibt Judas im Volksempfinden des Abendlandes nicht irgendein Jude, sondern »der Jude« an sich, sozusagen in Reinkultur: der Verräter par excellence; Inbegriff des Bösen; ein Ausbund aller Niedertracht; einer, der für Geld alles zu tun bereit ist; von dem der Volksmund behauptet, vor lauter Habgier würde er auch seine eigene Mutter verkaufen. So heißt es schon bei dem Kirchenvater Augustinus: »Alle Söhne der Synagoge sind unter dem Teufel Judas — bis sie neugeboren werden unter Jesus Christus.« Papst Gelasius I. erklärt, daß in der Bibel oft das Ganze nach einem Teil benannt wird, so daß »Judas, der Teufelsgehilfe, seinen verruchten Namen dem ganzen Judenvolk vererbt hat.«

Papst Innozenz III. legt den Psalmvers 19,3 »ein Tag sagt's dem anderen, und eine Nacht tut's kund der anderen« folgendermaßen aus: »Judas, der die Nacht war, dunkel und schattenreich, verriet der Nacht der Juden den Sohn Gottes.«

11

Und Johannes Buxdorf der Ältere bestätigt die böse Kunde mehr als tausend Jahre später:

»Weil das Judenvolk Jesus nicht als Messias anerkennt (...) sind sie nicht mehr die Nachkommen Abrahams (...), sondern Mischlinge von Heiden, abtrünnigen Christen und Sarazenen, die ihren Namen von Judas Ischarioth herleiten, dem Verräter des Herrn Christus.«

Gaudentius, der Kirchenlehrer, schreibt:

»Alle Juden sind geizig, geldsüchtig und vernachlässigen die Armen − genau wie ihr Namensgeber Judas Ischarioth.«

In Dantes Inferno heißt der vorletzte Ring der Hölle »Caina« nach dem ersten Brudermörder − der letzte und tiefste aber heißt »Giudecca« nach Judas dem »Erzverräter«, von dem es heißt: »Die schwerste Pein dort unten leidet dieser« (Canto XXXIV, 3). Im innersten Abgrund des Infernos büßt er auf ewig für seine Missetat. Dort im Rachen des Höllenfürsten selbst scheint sein Antlitz auf »rot wie Blut«, während er von Satans Zähnen zermalmt und von dessen Krallen unaufhörlich zerfetzt wird. Der einzige Trost dabei ist es, daß Judas in guter Gesellschaft ist: Unweit von ihm schmoren drei Päpste (Nikolaus III., Bonifaz VIII. und Clemens V.) − und zwar mit dem Kopf nach unten, »die flammenden Füße aufwärts weisend.« »Es wäre besser, er wäre nie geboren worden« (Mt. 26, 24), soll Jesus von ihm gesagt haben. Was seit seiner Geburt geschah, der üppigen Volksphantasie des Mittelalters gemäß, sammelt die »Legenda Aurea«, die Jakobus de Voragine im 13. Jahrhundert aufgezeichnet hat. Kein Verbrechen ist zu schaurig, als daß es nicht in die fiktive Biographie des Judas hineingedichtet worden wäre. Er überbietet Kain und Ödipus zusammen: Zuerst tötet er seinen Bruder, später bei einem Apfeldiebstahl seinen Vater, und schließlich beschläft er, ohne zu wissen, mit wem er es zu tun hat, die eigene Mutter. Aus Reue über seine Taten ging er zu guter Letzt hin »und erhängte sich«, wie Mt 27, 6 zu berichten weiß.

Die mittelalterliche Spekulation machte aber vor diesem Ende am Strick nicht halt. Ergiebiger für ihre Rachegelüste erwies sich, was Petrus vom Tode des Judas gemäß der Apostelgeschichte (1, 15−18) zu sagen hatte: Er sei kopfüber gestürzt, mitten entzweigeborsten, und alle seine Eingeweide seien ausgeschüttet worden.

Da für die mittelalterliche Schriftdeutung jedes Wort eine tiefere Bedeutung hatte, wurde dies folgendermaßen erläutert: Seit Judas Jesus bei der Gefangennahme geküßt hatte (Mt 26, 49) war sein Mund geheiligt, so daß seine Lasterseele nicht durch den Mund entweichen konnte. Also mußten die Teufel seine Leiche aufschlitzen, um sich der ihnen verfallenen Seele »von hinten« zu bemächtigen. So ist es auch plastisch dargestellt auf den Bronzetüren des Doms von Benevento aus dem Jahre 1279: Judas hat sich an einer Palme erhängt; der Teufel umarmt und küßt ihn, worauf Judas auseinanderplatzt. Giotto und Pietro Lorenzetti, zwei Meister der Bibel-in-Bildern für das ungeschulte Kirchenvolk, waren noch drastischer:

Sowohl in der Arenakapelle von Padua als auch in der Unterkirche San Francesco in Assisi ist Judas mit heraushängenden Gedärmen dargestellt, wobei anatomische Einzelheiten dafür sorgen, den Abscheu und die Schadenfreude der Zuschauer zu steigern.

Was den angeblichen Geiz und die berüchtigte Geldgier des Judas betrifft, begnügen sich die Kirchenkünstler keineswegs mit den Aussagen der Evangelien, sondern lassen ihrer üppigen Phantasie freien Lauf. So steht der Judas des Barna di Siena in San Gimignano, größer als alle anderen Figuren, breitbeinig vor den Priestern, beugt den Kopf vor und verfolgt stieren Blickes die Auszahlung der dreißig Silberlinge, die als Münzenberg auf dem Wechslertisch vor ihm aufgehäuft werden. In dem Alsfelder Passionsspiel aus dem 15. Jahrhundert wird der Judaspakt zur Feilsch- und Schacherszene aufgebauscht. Judas, der jüdische Mammonanbeter, versucht, mehr Geld zu bekommen und beschwert sich, daß ihm Pfennige anstatt Silberstücke ausgehändigt werden.

Von da an wird der Judenhaß offen geschürt: Erhard Reuwich, Hans von Cöln und Hans Holbein der Jüngere, um nur drei der spätmittelalterlichen Maler zu nennen, stellen Judas als unmißverständliche Karikatur des »Wucherjuden« dar: lange, krumme Nase, spitzes Kinn, stechender Blick, geldhungrige krallende Hände. Das Frankfurter Passionsspiel übertrifft die meisten seiner Vorgänger in Gehässigkeit: Nicht der Teufel, sondern »die Juden« sind die eigentlichen Gegner Jesu. An ihrer Bosheit muß Jesus scheitern, ihre Mordlust bringt ihn ans Kreuz.

13

Typisch für jene Jahrhunderte des Hexenwahns und der Juden-
hetze ist die Geschichte von Leonardo da Vinci, der wegen der
allzu langsamen Fertigstellung seines Frescos vom Letzten
Abendmahl im Dominikanerkloster Santa Maria delle Grazie
vom Prior gerügt worden sein soll. Als der Künstler prompt
damit drohte, er werde dem Judas die Gesichtszüge des Priors
verleihen, verstummte der Protest sofort.

Es gibt auch Ausnahmen – leider nur wenige. Leonardo da Vinci
hat in seinem »Abendmahl« den Judas weder optisch ausgegrenzt
noch örtlich abgesondert. Er sitzt inmitten der Jünger, zwischen
Petrus und Johannes, ganz in der Nähe Jesu. Auch hier hält er
den Geldbeutel in seiner Linken, doch nicht als käuflicher Verräter, sondern als Zeichen seiner Funktion im Jüngerkreis: als
Schatzmeister, der ihr Vertrauen genießt.

Fra Angelico läßt Judas in seinem Gemälde »Eucharistie« als
zweiten von rechts vor Jesus knien – einer von ihnen sozusagen,
aber auch abgesondert durch die auffallende Schwärze seines
Heiligenscheins. Im Heilig-Blut-Altar in der Rothenburger
Jakobskirche, den Tilman Riemenschneider geschnitzt hat, steht
Judas, nicht Jesus, im Zentrum des Abendmahls. Er hält zwar
den Geldbeutel hoch, doch deuten seine Gesichtszüge auf
Unschlüssigkeit, als schwanke er zwischen widersprüchlichen
Motiven.

Ratsuchend schaut er Jesus an, als wolle er ihn fragen, wofür er
sich entscheiden solle. Judas ist hier weder Verräter noch der
Gegenspieler Jesu, sondern eher ein anheimelndes Symbol
menschlicher Hilflosigkeit.

Von den vielen Kunstwerken, die ihr eigenes Feindbild im Judas
verewigen wollen, sei noch Jörg Ratgebs »Abendmahl« erwähnt,
das heute in Rotterdam hängt. Hier trägt er eine Art von
Mönchshabit, mit einem Strick als Gürtel nach Klosterweise.
Seine Haltung bezeugt Demut, seine Hände liegen betend auf
dem Tisch, und sein Kopf ist der Hostie entgegengestreckt. Und
doch ist er ein Heuchler, wie sein feines Seidenhemd unter der
Kutte und der Geldbeutel an seinem Hals bezeugen sollen.

In der Zeit der großen Ablaßpredigten wird der Schatzmeister
der Jünger mit der Römischen Kirche identifiziert.

Der Verräter – so will Ratgeb andeuten – ist nicht in der Nacht geflohen, sondern sitzt an der Spitze der kirchlichen Autorität. Judas und Kirche, so will es das Bildnis, beide haben heuchlerisch und geldgierig ihren Herrn verraten.

Zwiespältig ist die steinerne Aussage in der Klosterkirche von Vézelay in Burgund, im Herzen Frankreichs. Dasselbe Kapitell, das die schauerliche Henkung des Judas am Strang in voller Brutalität vergegenwärtigt, bietet dem Zuschauer daneben den tröstlichen Ausblick einer Abnahme des toten Judas – ein einfacher Mann, der ihm den Strick vom Halse löst; der ihn auf seine Schultern nimmt und, wie ein guter Hirte, heimträgt. Der fromme Steinmetz, so scheint es, hat vor mehr als 800 Jahren mit dem Jesuswort ernst gemacht, daß ein Mensch, der auch nur ein einziges Schaf von seiner Herde verliert, nicht ruht noch rastet, bis er das verlorene findet. »*Und wenn er es gefunden hat, legt er es voll Freude auf seine Schultern*« (Lk 15, 5). Doch solche einfühlsame Darstellungen gehören zu den allzu seltenen Ausnahmen, die die traurige Regel bestätigen.

All die facettenreichen Galerien der Judas-Deutungen haben einen gemeinsamen Nenner: Der Ischarioth dient entweder als Sündenbock und Prügelknabe für die Passion Jesu oder als Chiffre für alle erdenklichen Abscheulichkeiten, die ihm in Wort und Bild anschaulich zur Last gelegt werden.

Daß er dabei zum Blitzableiter für die aufgestauten Aggressionen unzähliger Christen wurde, war ebenso unvermeidlich wie die Entladung dieser Haßgefühle, die dann, da Judas außer Reichweite war, an der leicht zugänglichen »Judenschaft« in ganz Europa ausgetobt werden konnten. Hätte jener Ischarioth Jakob, David oder Jonathan geheißen anstatt Judas – ein Name, der nur allzu leicht zur Symbolgestalt aller Juden verallgemeinert werden konnte, wer weiß, wie vielen Juden vielleicht der Martertod von Christenhand erspart geblieben wäre.

Kurzum, von Judas her ist das Vorurteil da. Dies beweisen nicht nur zahllose Gemälde, Skulpturen und Kirchenbilder, die ihn mit Hakennase und jüdischem Spitzhut porträtieren, sondern auch der heutige Sprachgebrauch: Der Judaskuß, ein wahrer Judas, ein Judasbruder, ein Judaslohn, eine Judasnatur sind so sprichwörtlich geblieben, daß Manfred Röder, der Neo-Naziführer, noch anno 1978 Dietrich Bonhoeffer in einem öffentlichen Brief

»einen Judas« benennen konnte, »der sein Vaterland verraten hatte.«

Die Tatsache liegt auf der Hand: Achtzehn Jahrhunderte lang galten »die Juden« für die Kirche als »ungläubig« – weil sie ihrem Glauben treu geblieben sind; als »geldgierig« – weil Judas angeblich »30 Silberlinge« für die Auslieferung Jesu erhielt; und als »verräterisch«, weil jener Judas seinen Herrn verraten haben soll. Es ist höchste Zeit, die Tatsachen unter die Lupe zu nehmen, um endlich festzustellen, wieviel Wahrheit diese mörderischen, jedoch unbewiesenen Anklagen beinhalten.

Judas oder auch Judah ist die gräzisierte Form des hebräischen Jehuda – der Name, den Leah in der Bibel ihrem vierten Sohn gab, aus Dankbarkeit ihrem Schöpfer gegenüber (Gen 29, 35), denn Jehuda ist eigentlich ein ganzer Satz und heißt nichts anderes als »*Gott sei gedankt*«. Die Gottesfurcht, die dieser Name so deutlich bezeugt, der später auf den Stamm Judah, dann auf das Königreich Judah und schließlich auf die Provinz Judäa überging, mag auch seine Popularität im jüdischen Volke bis zum heutigen Tage erklären. In Israel ist Judah als Vorname nicht weniger häufig als Hans in München oder Andreas in Tirol.

So zum Beispiel gibt es im Neuen Testament nicht weniger als sieben Jehudas oder »Judasse«, um es auf Griechisch zu sagen: *Judas* hieß einer der Vorfahren Jesu, wie Lukas uns berichtet (Lk 3, 26).

Judas hieß auch einer der vier Brüder Jesu, deren Namen uns Matthäus (13, 55) als : Jakob, Jose(ph), Simon und Judas berichtet – alles gute Bibelnamen aus der Vätergeschichte Israels, was eindeutig für die treue Bibelgebundenheit der Familie Jesu spricht. *Judas* von Galiläa war der Führer eines Aufstandes gegen die römische Gewaltherrschaft, der in ganz Galiläa als Nationalheld gefeiert wurde, nachdem er schon im Jahre 6 n. Chr. das bittere Schicksal Jesu teilen mußte: Er wurde von den Römern als »Räuberhauptmann«, das heißt als Widerstandskämpfer ans Kreuz geschlagen.

Merkwürdigerweise wird dieser Judas von Gamaliel, dem Pharisäerhaupt, in seiner Verteidigungsrede vor dem Synhedrion in einem Atemzug mit den verhafteten Aposteln erwähnt, deren Befreiung er erwirken konnte (Apg 5, 34 ff.).

Judas hieß auch jener Jude in Damaskus, in dessen Haus der neubekehrte Paulus Obdach und Heilung von seiner Blindheit fand (Apg 9, 11 ff.).

Judas, mit dem Beinamen Barabbas, war der prominente Judenchrist aus Jerusalem, der Paulus nach Antiochien begleitete, um den neuen Kirchen die Bedingungen der apostolischen Urgemeinde mitzuteilen, unter denen Heiden ins Christentum aufgenommen werden konnten. Er mußte wohl ein Mann von hoher Ausstrahlungskraft gewesen sein, denn die Apostelgeschichte nennt ihn einen »*Propheten*« (Apg 15, 32).

Judas hieß auch der Verfasser des Judasbriefes, der sich zwar als ein »Bruder des Jakobus« bezeichnet, aber von der modernen Forschung nicht als einer der »*Herrenbrüder*«, sondern als gleichnamiger Judenchrist aus der apostolischen Spätzeit angesehen wird.

Da Lukas (6, 16) einen zweiten *Judas* unter den Zwölfen nennt – »*des Jakobus*« (Bruder oder Sohn) – von dem Johannes (14, 22) ausdrücklich betont, er sei »*nicht der Ischarioth*«, ist es nicht ausgeschlossen, daß es zwei verschiedene Apostel namens Judas gegeben hat.

Schließlich hieß der letztgenannte der zwölf Apostel »*Judas Iskariot*«, wie Markus (14,10) ihn nennt; Judas »*der Iskariote*«, wie er bei Matthäus (10,4) heißt, oder »*Judas, der Sohn des Simon Iskariot*«, wie Johannes (6, 71) ihn betitelt, dem wir wohl das entwickeltste Charakterportrait des Judas zu verdanken haben.

Im Codex D, einer der frühesten Handschriften des Markus-Evangeliums, heißt er »*Skariot*«; in den frühen lateinischen Übersetzungen des Neuen Testaments wird er »*Scariotis*« benannt, und in den syrischen Übersetzungen aus dem 3. Jahrhundert lautet sein Beiname »*Scariota*« – insgesamt sechs verschiedene Lesarten, die auf bewußte Umredigierungsversuche zu deuten scheinen. Wir erfahren zwar nichts in den Evangelien von seinem Ursprung noch von seiner Familie, den Umständen seiner Berufung oder seiner Vorgeschichte außer der Tatsache, daß er anscheinend das Vertrauen aller Jünger besaß, da er, wie es heißt, »die Kasse führte« (Joh 13, 29).

Diese Einzelheit mag tendenziöser Natur sein, um seine Habgier, sein Talent für Geschäfte, immer die Hand am jüdischen Geld-beutel, anzudeuten. Es entkräftet jedoch gerade dieses Argu-ment, da ja der Schatzmeister einer Genossenschaft, der täglich größere Summen zu handhaben hatte, seinen Herrn und Meister kaum um die Lappalie von rund sechzig Mark verkauft hätte.

Doch zurück zu den sechs verschiedenen Versionen seines Beina-mens, die ein halbes Dutzend Rückschlüsse auf seine Herkunft, ja sogar auf seine politische Gesinnung erlauben. Die einfachste Deutung erklärt »Iskariot« als das hebräische »*Isch-Keriot*«, der Mann aus Keriot, ein Dorf in Judäa, was Judas zum einzigen Nicht-Galiläer unter den Aposteln machen würde.

Eine Annahme, die der Berufung der zwölf Apostel widersprä-che, die laut Markus (3, 13–19); Matthäus (10, 1–4) und Lukas (6, 12–16) allesamt in Galiläa von Jesus unter seinen eigenen Landsleuten erwählt wurden.

»Die Galiläer«, so schreibt der jüdische Historiker Josephus Flavius, »sind kampflustig von Kindesbeinen an, sie kennen keine Furcht und haben eine Leidenschaft für Freiheit, Umsturz und Rebellion« (Der Jüdische Krieg, III, 3, 2).

Eine andere These sieht in »Iskariot« die aramäische Wurzel »schakkara«, die »Lügen« bedeutet. So konnte natürlich kein Apostel zu Lebzeiten heißen, wohl aber der nachträgliche Schimpfname eines Mannes sein, in dem man viel später sein ganzes Volk verunglimpfen wollte. »Jehuda schakkariah«, auf griechisch zu »Iskariot« verballhornt, könnte der »falschherzige Jude« schlechthin bedeuten – eine Interpretation, die mit dem allgemeinen Judenbild im vierten Evangelium nur allzu deutlich übereinstimmt.

Stichhaltiger ist jedoch die Hypothese, die hinter Iskariot das lateinische Wort »sikkarius« vermutet, die römische Bezeichnung für jene Zelotenpartei, die sich ihrer Gegner durch den Kurz-dolch (sica) zu entledigen pflegte. Spuren dieser »Dolchmänner« finden wir als antirömische Extremisten sowohl im Talmud (Git-tin 56a; Bikkurim I, 2) als auch im Neuen Testament selbst:

»Bist du nicht der Ägypter«, fragt der römische Oberst den Paulus in Jerusalem (Apg 21, 38), »der unlängst einen Aufstand erregt und 4000 Sikkarier in die Wüste hinaus geführt hat?« Daß Judas zu diesen Zeloten gehört haben mag, bestätigt uns die altlateinische Übersetzung der Evangelien, die sogenannte »Vetus Latina«, die sowohl Judas Iskariot als »Judas den Zeloten« wiedergibt, als auch »Simon den Kanaanäer« zu »Simon dem Zeloten« macht.

Gab es also mehr als einen Zeloten unter den Zwölf Aposteln? Die sprachliche Analyse der Apostelliste erlaubt den Rückschluß auf drei oder fünf mögliche Zeloten oder Ex-Zeloten unter der Jüngerschar:

Simon der »Kanaanäer«, wie Markus (3, 18) ihn nennt. Der Evangelist, der sonst alle Hebraismen für seine heidnischen Leser deutlich übersetzt und erklärt, schweigt diesmal − und mit gutem Grund. Denn hier handelt es sich mit Sicherheit um die absichtliche Verzerrung der aramäischen Bezeichnung für die Zeloten, nämlich »Kana'ana«, das heißt ›Eiferer‹.

In den Worten Klostermanns (»Das Markusevangelium«, S. 35): »Er ist nicht ein Kanaanäer (...) noch ein Einwohner des Dorfes Kana (...) sondern ein Kana'ana, das heißt ein Angehöriger der militanten Zelotenpartei unter den Pharisäern.« Den letzten Zweifel zerstreut Lukas, der zweimal (Lk 6, 15; Apg 1, 13) von Simon als »Simon dem Zeloten« spricht. Eine Freimütigkeit, die man angesichts der Lebensgefahr, die das Eingeständnis zelotischer Mitgliedschaft in der Jesusgemeinde im römischen Kaiserreich mit sich bringen mußte, nur bewundern kann.

Doch auch der Beiname »Barjona«, den Petrus im Matthäusevangelium (16, 17) erhält, hieß im Aramäischen des 1. Jahrhunderts »Außenseiter«, »Geächteter« oder »vogelfrei« − ein landläufiges Schmähwort für die Zeloten

So schreibt Martin Hengel in seinem Standardwerk »Die Zeloten«: »Man könnte daraus schließen, daß Barjona (...) eine feste, ursprüngliche Bedeutung für die Zeloten war« (a.a.O. S. 355).

Hinzuzufügen ist, daß die beiden Zebedäus-Söhne »Boanerges« benannt wurden, was Markus (3, 17) mit »Donnersöhne« übersetzt. Daß sich hinter diesem Beinamen ihre offensichtlich weithin bekannte Neigung zu Gewalttaten verbirgt, bezeugen die beiden Brüder in ihrer Bereitschaft, die wenig gastfreundlichen

Samaritaner nach dem Faustrecht zu züchtigen, wie Lukas (9, 54) uns berichtet. Ihr einziger Auftritt im Neuen Testament besteht aus dem Vorschlag: »*Herr, willst du, daß wir sagen, Feuer soll vom Himmel fallen und jene verzehren?*« (Lk 9, 54) – was nicht gerade den Eindruck von Wehrdienstverweigerern macht!

Judas, den Oskar Cullmann »einen Widerstandskämpfer, einen Zeloten« nennt, scheint also nicht der einzige patriotische Radikalist unter den Jüngern Jesu gewesen zu sein.

Problematische Prophezeiungen

Wie aber kam es von dieser Grundeinstellung eines jüdischen Freiheitskämpfers zum sogenannten »Verrat«, der Judas zum Inbegriff alles Heuchlertums, zum Ausbund aller Schurkerei gemacht hat? Der evangelistische Textbefund ist zumindest zweideutig und mutet häufig wie ein Palimpsest an, hinter dessen Handschrift man bei näherer Untersuchung eine Welt von biblischen Anspielungen und Allegorien entziffern kann. Wer die Evangelien mit jüdischen Augen liest, kann sich nur schwer dem Eindruck entziehen, Jesus sei nicht nur das Opfer eines Justizmordes gewesen, sondern sei nach seinem Tode auch der »Erfüllungssucht« seiner Evangelisten anheimgefallen, die über sechzig Prophezeiungen des Alten Testaments zurechtredigiert haben, um Jesu Messianität auf Schritt und Tritt von neuem zu beweisen, nein, sie überzubeweisen.

Sicherlich waren die Umstände der Kreuzigung Jesu – wie die allzu vieler seiner jüdischen Schicksalsgefährten – tragisch und entsetzenerregend, aber ihre konsequente Deutung in den Evangelien als Erfüllung prophetischer Voraussagen mutet häufig übertrieben, die Textgrundlage überfordernd an. So zum Beispiel wurden angeblich Tausende von Kindern in Bethlehem ermordet (was alle Historiker bestreiten), auf daß Matthäus (2, 15 ff.) im Fahrwasser Jeremias (31,15) ihre Mütter »*wie Rachel um ihre Kinder weinen*« lassen kann; so sollten Jesu Gleichnisse unverstanden bleiben, auf daß Matthäus (13, 13 ff.) mit Jesaia (6, 9– 10) sagen kann: »*Hören werdet Ihr mit den Ohren, aber nicht verstehen.*«

Jesus »*mußte*«, auf zwei Tieren reitend, in Jerusalem einziehen, weil derselbe Evangelist den biblischen Parallelismus in Sach 9, 9 von »*der Eselin und dem Füllen*« allzu wörtlich nahm.[2]

Pilatus, der römische Heide, »mußte« sich, gut jüdisch, seine Hände waschen, da König David (Ps 26, 6) gesagt hatte: »*Ich wasche meine Hände in Unschuld*«. Das »*schimmernde weiße Gewand*«, von Herodes beschert (Lk 23, 11), soll Jesus als den wahren Hohenpriester erweisen, wie ebenso der »*rote Spottmantel*« (Mt 27, 28) »aus kostbarem Purpur« sein Königtum belegen soll. Und wenn Jesus zum Fest seiner eigenen Opferung diese Gewänder wechselt (Mt 27, 31), genau wie der Hohepriester im Tempel am Versöhnungstag, so heißt das für bibelkundige Ohren, daß Jesu »*Versöhnungstod*« von nun an den Versöhnungstag ersetzen soll.

Im Bericht von der Geißelung, den Ohrfeigen, dem Anspeien und der Verspottung Jesu hat wohl Jesaia Pate gestanden, da dessen leidender Gottesknecht (50, 6; 53, 5 ff.) genau denselben Qualen ausgesetzt wurde. Jesus wurde geschlagen und gegeißelt, was im Evangelium als Schrifterfüllung gilt, da in Ps 22, 17 David von seinen Feinden sagt: »Sie lauern auf meine Hände und Füße, als wäre ich ein Löwe«, – was dann aber fälschlich auf griechisch übersetzt wurde als »Sie zerrissen mir Hände und Füße.« Er »*mußte*« zuerst Galle (Mt 27, 34) und dann Essig (Joh 19, 29) trinken, da der Psalmist solche feindselige Nahrung von seinen Verfolgern erhielt (Ps 69, 22). Er »*mußte*« zwischen »*zwei Schächern*« sterben (Mk 15, 27), »*auf daß die Schrift erfüllt werde, die da besagt: Er ist unter die Übeltäter gerechnet*« (Mk 15, 28 zu Jes 53, 9 ff.). Die römischen Soldaten »*mußten*« seine Kleider unter sich teilen, aber um seinen ungeteilten Rock würfeln, da es in Ps 22, 19 heißt: »Sie teilten unter sich meine Kleider und warfen das Los um mein Gewand.« Dieselben Legionäre durften seine Beine nicht zerschlagen (Joh 19, 33), wie dies als Gnadentod für Gekreuzigte üblich war, da solch ein Zerbrechen beim »Verzehren des Passahmahles verboten ist« (Ex 12,46). Sie »*mußten*« ihm jedoch eine Lanze in die Seite stoßen (Joh 19,34), da der

---

2. siehe Pinchas Lapide, Ist die Bibel richtig übersetzt? Gütersloh ²1987 (GTB 1415), S. 95 f.

Prophet Sacharia sagt: »Sie werden auf mich hinblicken, den sie durchbohrt haben« (Sach 12, 10).

Und so geht es weiter vom Schild, das Pilatus über dem Kreuz anbringen läßt, zum Spott der Vorübergehenden bei Golgotha, dem »Schütteln der Köpfe«, der Schmähungen des »bösen« Schächers und der Gottesfurcht des »Guten«, dem Jesus das Paradies verspricht, über die »Ysopstaude« der römischen Soldaten, bis hin zum letzten Kreuzeswort »*Eli, Eli, lamaa asabtani*«, das ein wörtliches Zitat aus Ps 22, 2 ist.[3]

Es gibt fast keinen Punkt, kein Detail in den Passionsberichten der Evangelien, die nicht von dieser wortwörtlichen Bibelauslegung beeinflußt sind, wobei die oft krampfhafte Suche nach der »Schrifterfüllung« aller Einzelheiten mehr rituell und systematisch zwanghaft denn hinweisend anmutet.

Judas ist hier keine Ausnahme. Jesus »*mußte*« von einem seiner Tischgenossen verraten werden, da es beim Psalmisten heißt: »Der mein Brot mit mir aß, lehnte sich hinterrücks gegen mich auf.« (Ps 55, 13) Jesus »*mußte*« Judas bei der Gefangennahme – also im Moment des Verrats – mit »*Freund*« ansprechen (Mt 26, 50), da es sowohl im Ps 41, 10 als auch in Ps 55, 13–15 von König David heißt:

»Mein Freund (...) ja, auch mein Freund, auf den ich vertraute (...) hat mich verraten.« Der Judaskuß hat sein Vorbild ebenfalls bei König David, dessen Feldherr Joab seinen Rivalen Amassa mit dem Schwert tötet, während dieser ihn küßt (Sam 20, 9).

Eine andere Möglichkeit ist, der Judaskuß geht auf den falschen Bruderkuß des Esau zurück (Gen 33, 4), der in der rabbinischen Überlieferung zum Schulbeispiel aller Heuchelei wurde. Das fürchterliche Ende des Judas wird fast mit denselben Worten beschrieben, die Amassas Leben beschließen: Mit aufgerissenem Bauch, so daß all seine Eingeweide herausfielen (...), und er starb (2 Sam 20, 10 = Apg 1, 18) – ganz im Sinne der Sprüche Salomos (27, 6), wo es heißt: »Die Schläge des Freundes meinen es gut; aber die Küsse des Hassers sind trügerisch«, ein Satz, der den Judaskuß höchstwahrscheinlich mitgeprägt hat.

---

3. vgl. Pinchas Lapide, Er wandelte nicht auf dem Meer. Ein jüdischer Theologe liest die Evangelien. Gütersloh [2]1986 (GTB 1410), S. 87 ff.

Wer etwas tiefer schürfen will, entdeckt unschwer zwei weitere biblische Parallelen zu Judas in der Geschichte des Königs David. Im 2. Buch Samuel sagt David zum Amalekiter, der ihm berichtet, er habe seinen Rivalen, den König Saul, getötet: »Dein Blut komme auf dein Haupt, denn dein Mund hat gegen dich selbst geredet, als du sagtest: Ich habe den Messias des Herrn getötet« (2 Sam 1, 16 f.). Worauf David den Messiastöter ohne Umstände töten läßt, was Jesus jedoch nicht wiederholen kann, da dies dem sanftmütigen Christusbild der Evangelien widerspräche. Einen Ausweg bietet Achitophel, der Kanzler Davids, der, einige Kapitel später, seinen Herrn und Gebieter schändlich verrät (2 Sam 17, 7 ff.).

Dieser Achitophel, der David, den Gesalbten, verrät, erhängt sich (2 Sam 17, 23) genau wie Judas, der den Davidssohn verrät, »sich erhängt« (Mt 27, 5) — die auffallendsten Selbstmordfälle in beiden Testamenten der Bibel.

Dreißig Silberlinge?

Der Parallelismus ist hiermit jedoch noch nicht erschöpft. Judas »muß« genau »dreißig Silberlinge« erhalten, da das Buch Exodus (21, 32) von »dreißig Schekel« als Entschädigung für einen Sklaven spricht — also der niedrigste Kaufpreis eines Mannes, den der Prophet Sacharia später spöttisch auf sich selbst bezieht — und zwar mit folgenden Worten:

»Da sagte ich zu ihnen: Wenn es euch recht ist, so gebt mir meinen Lohn. Wenn nicht, so laßt es bleiben. Und sie wogen mir meinen Lohn dar: dreißig Silberlinge. Da sprach Gott zu mir: ›Wirf ihn in den Schatz!‹ Der schöne Preis; den ich ihnen wert bin. Und ich nahm die dreißig Silberlinge und warf sie in den Schatz des Hauses Gottes« (Sach 11, 12—13).

Hier sind also die »dreißig Silberlinge«, die Judas laut Matthäus (26, 14 f.) zuerst von den Hohenpriestern als Kaufpreis für Jesus erhielt — »sie aber wogen ihm dreißig Silberlinge dar«, heißt es wörtlich beim Propheten und beim Evangelisten — die er aber später, in den Fußstapfen Sacharias »in den Schatz des Gotteshauses«, das heißt also in den »Tempel« wirft (Mt 27, 5). Nebenbei sei hier bemerkt, daß es zu Jesu Zeiten zwar Gold- und

Silberdinare, das Doppelas, Drei-As-Stücke, Minen, Selas, Schekels, Drachmen und Doppeldrachmen gab – aber keine Münze oder Währung, die als »Silberlinge« bekannt war. Sie kamen schon etwa 300 Jahre zuvor aus dem Umlauf. Ebenso anachronistisch ist das »Abwiegen« der Silberlinge, das zwar zu Sacharias Zeiten noch üblich war, aber im Zeitalter Jesu längst durch geprägte Silbermünzen ersetzt worden war.

Die nächsten fünf Verse hat Matthäus aus Sacharia und Jeremia zusammengebaut, wobei ganze Wortgruppen unverändert aus beiden Propheten entliehen worden sind:

»Aber die Hohenpriester nahmen die Silberlinge und sprachen: Es taugt nicht, daß wir sie in den Tempelschatz tun, denn es ist Blutgeld. Nachdem sie aber Rat gehalten hatten, kauften sie davon den Töpferacker als Begräbnisplatz für die Fremden. Deshalb heißt jener Acker ›Blutacker‹ bis auf den heutigen Tag. Da wurde das Wort erfüllt, das durch den Propheten Jeremia gesprochen wurde: ›Und sie nahmen die dreißig Silberlinge, den Preis, zu dem geschätzt war der Verkaufte, welchen sie gekauft hatten von den Söhnen Israels, und gaben sie für den Töpferacker, wie es mir der Herr aufgetragen hat« (Mt 27, 6–10). Hier scheint jedoch Matthäus seine Schriftrollen verwechselt, seine Schriftkenntnisse durcheinander gebracht zu haben: Nicht bei Jeremia steht das Zitat, sondern bei Sacharia (11, 12–13). Bei Jeremia ist zwar vom Kauf eines Ackers die Rede, jedoch ist sein Preis siebzehn, nicht dreißig Silberlinge; nicht »die Kinder Israels« haben den Acker gekauft, sondern ein »Feld der Verheißung« – und »Töpferacker« nennt ihn Matthäus entweder, weil der Herr dem Jeremia geheißen hatte: »Lege diese Kaufbriefe in ein *irdenes* Gefäß« (Jer 32, 14), oder weil Sacharia die dreißig Silberlinge »dem Töpfer gibt«, wie es wörtlich auf hebräisch heißt.

Zu diesen auffallenden Ähnlichkeiten, die Judas wie ein Konglomerat biblischer Zitate erscheinen lassen, gesellt sich überdies die Tatsache, daß jeder der vier Evangelisten seinen eigenen Judasbericht verfaßt hat. Wir haben es, genau genommen, mit einem »Panoptikum« von vier verschiedenen Judasbildern zu tun. Die Unterschiedlichkeit beginnt schon in dem kurzen Bibelabschnitt, nach dem Judas sich den Hohenpriestern angeblich als Verräter anbietet. »Was wollt Ihr mir geben?« So fragt er nach sprichwörtlich jüdischer Händlerweise im Matthäusevangelium (26, 15), worauf man sich endlich auf »dreißig Silberlinge« einigt. Markus betont in lapidarer Kürze die »Freude« der Hohenpriester, die ihm »Geld« verheißen – ohne jedoch die Summe zu nennen (Mk 14, 10–11).

Lukas versucht das Motiv des Judas zu klären, wobei er es sich jedoch sehr leicht macht: »Satan fuhr in Judas hinein (...), und er ging hin und besprach sich mit den Hohenpriestern« (Lk 22, 3). Damit ist die Verteufelung des Judas vollständig. Er steht außerhalb der menschlichen Gemeinschaft und wird nun zum Handlanger der Hölle. Johannes, der vierte Evangelist, hat über die Unterredung Judas mit den Priestern nichts zu berichten – ein Versäumnis, das er jedoch später mehr als wettmacht.

Interessant ist die Tatsache, daß hier das sechsmal wiederholte Schlüsselwort nicht »verraten« bedeutet, sondern auf griechisch *paradidonai* lautet, was wörtlich »dahingeben« oder »ausliefern« besagt – genau dieselbe Vokabel, derer sich Paulus später bedient, um Jesu Opfertod zu beschreiben:

»So weit ich jetzt noch im Fleische lebe, so lebe ich im Glauben an den Sohn Gottes, der mich geliebt und sich selbst für mich *ausgeliefert hat*« (Gal 2, 20).

So heißt es im Galatherbrief, in ähnlichem Wortlaut ebenso im Römerbrief (8, 32) und im Epheserbrief (5, 2). Im Grunde tut Judas nur das, was Gott selbst mit Jesus tut, wie es im Römerbrief (8, 32) heißt:

»Gott hat seines eigenen Sohnes nicht geschont, sondern hat ihn für uns alle dahingegeben.« Von diesem Satz an wird die gesamte Passion zu einer Verkettung eines siebenfachen Übergebens: Judas gibt Jesus an den Hohenrat dahin, der ihn an Pontius Pilatus dahingibt; jener gibt ihn an Herodes weiter, der ihn dann zurückgibt, worauf der Römer ihn seinen Legionären ausliefert, die ihn ans Kreuz nageln, worauf Jesus zuletzt seine Seele dem Schöpfer *übergibt* (Lk 23, 46).

Doch nun zurück zur Szene mit den dreißig Silberlingen im Evangelium. Kurz darauf begeht Jesus mit seinen Jüngern das letzte Abendmahl. Nach Markus (14, 18−21) gibt Jesus durch nichts zu erkennen, wer von den Zwölfen der »Verräter« sei. Das tut er jedoch bei Matthäus, der für seine Leser das Damoklesschwert der Pauschalanklage »*Einer von euch wird mich überliefern*« von den übrigen elf Jüngern entfernt, um es eindeutig auf Judas zu richten (Mt 26, 25). Lukas läßt sowohl die Frage der Jünger, wer es wohl sein möge, als auch Jesu Antwort aus. Er beendet die Szene mit einem vagen Hinweis auf den »Menschensohn«, wobei unklar bleibt, ob Jesus selbst die Identität seines Überlieferers kennt oder nicht (Lk 22, 21−23). Anders liegt der Sachverhalt im vierten Evangelium, nach dem Jesus zuerst öffentlich nur verkündigt, »einer von euch« werde ihn überliefern, worauf er jedoch auf Drängen des Lieblingsjüngers ihm unter vier Augen den Judas als »Überlieferer« zu erkennen gibt. Hierauf sagt Johannes über Judas, der daneben zu Tisch sitzt: »*Da fuhr der Satan in ihn hinein*« (Joh 13, 27). Die Absicht ist eindeutig, jedoch scheinen die Worte überflüssig, denn schon einige Kapitel vorher hat Johannes Jesus sagen lassen: »Einer von euch ist ein Teufel«, worauf der vierte Evangelist für seine Leser kommentiert: »Er meinte den Judas, den Sohn des Iskariot, dieser sollte ihn nämlich überliefern« (Joh 6, 70−71). Wie der Satan in den Teufel hineinfahren kann, bleibt bei Johannes genauso unklar, wie »ein Dieb, der als Verwalter der Kasse deren Einlagen unterschlug« (Joh 12, 6), bis zum letzten Tage als Schatzmeister der Apostel fungieren konnte. Beides jedoch behauptet das vierte Evangelium, das zwar die Anklage des Diebstahls gegen Judas erhebt − ohne jegliche Beweise zu erstellen (Joh 12, 6) − jedoch das Vertrauen, das Judas bis zum Ende in der Jüngerschar genießt, mit klaren Worten in der Abendmahlperikope belegt: »Da Judas die Kasse führte, meinten einige, Jesus habe zu ihm gesagt: Kaufe, was wir für das Fest brauchen, oder: er solle den Armen etwas geben« (Joh 13, 29 f.). Was Johannes uns schuldig bleibt, ist eine Erklärung, wie ein Dieb, der angeblich aus Habgier Verrat an seinem Meister übt, nicht schon früher mit der vollen Apostelkasse durchgebrannt ist und noch dazu die geringfügige Summe von »dreißig Silberlingen« nach erfolgter Tat in den Tempelschatz zurückbringt.

Johannäisch gesehen ist und bleibt Judas »ein Sohn des Verderbens« (Joh 17, 12), für den auch Jesu Hingabe wirkungslos zu sein hatte (Joh 13, 10 f.).

Doch für Johannes ist nicht nur Judas »ein Teufel«, für ihn sind alle Juden »Teufelskinder«, wie er Jesus in einem Streitgespräch sagen läßt (Joh 8, 44) − und das wegen ihrem unterstellten Verlangen, Jesus zu töten, sowie aus ihrem Widerstand gegen Jesu Botschaft. Es ist das unvermeidliche Resultat der Doppeltendenz, die alle vier Evangelien wie ein roter Faden durchläuft: die Juden als Hintergrundfolie möglichst schwarz und Christus als den Heiland möglichst hell zu schildern. Am Ende steht dann: Jesus ist Gottes Sohn, die Juden aber als Judasse haben den Teufel zum Vater. Der einzige *Verrat*, der seit jenem ersten Osterfest immer wieder begangen wird, ist der Verrat an den Juden − durch Heidenchristen, die den Brüdern ihres Heilands die Gültigkeit ihres unwiderruflichen Gottesbundes absprechen, sie ihrer Göttlichen Erwählung berauben wollen und ihnen die Treue brechen, die Jesus ihnen sein Leben lang als frommer Jude gehalten hat.

Zu den johannäischen Verteufelungen des Judas fehlen die Parallelen bei den drei anderen Evangelisten, in denen unter anderem zu lesen ist, Judas sei ein beliebter Apostel gewesen (Mk 3, 13 ff.), dem Jesus Vollmachten verlieh (Mt 10, 1−4), der Wunder vollbrachte und viele Kranke zu heilen wußte (Mk 7, 13) und der sogar im Namen Jesu predigen konnte (Mk 6, 12). Noch ein Rätsel wartet im Johannesevangelium seit fast zwei Jahrtausenden auf eine Lösung: Wie konnte Johannes, der »geliebte Jünger«, dem allein Jesus die Identität des Überlieferers verriet, diese tödliche Kenntnis bei sich behalten − ohne den geringsten Versuch zu unternehmen, Jesus beizeiten zu erretten? Wie konnte jener Johannes, der »Lieblingsjünger«, dessen Liebe für seinen Meister ebenso bekannt war wie sein feuriges Temperament, schweigen und völlige Seelenruhe bezeugen, als er wußte, daß Judas soeben »in die Nacht« hinausgegangen war, um Jesus angeblich zu verraten?

Den Versuch einer Lösung dieses Rätsels hat uns Origenes hinterlassen, der im 3. Jahrhundert eine Zeitlang von der Kirche verketzert worden ist. Jesu Kreuzestod, so meint der Kirchenvater, war eine Sache heilsgeschichtlicher Unvermeidlichkeit. Er ist demzufolge in der Sicht des vierten Evangeliums weder ein Unglück noch eine Überraschung, sondern vielmehr ein ganz planmäßiges Geschehen. In diesem Sinne gibt der johannäische Jesus dem Judas einen Wink, nun sei der Zeitpunkt für die Überlieferung gekommen: »Was Du tun willst (oder: sollst), das tue sogleich!« (Joh 13, 27) – so heißt es gleich nach der Fußwaschung. Keinerlei Aufregung! Ohne Diskussion und Widerspruch erfolgt die Erfüllung einer vorherbestimmten Rolle im Gesamtbild des kosmischen Heilsdramas. In den Worten der Apostelgeschichte: »Gott hat so erfüllt, was er durch den Mund aller Propheten vorausgekündet hat, nämlich daß sein Messias leiden sollte« (Apg 3, 18). Wäre Jesus demnach nicht dahingegeben, verurteilt und gekreuzigt worden, so wäre der Plan der Heilsgeschichte zuschanden gekommen. Seit seiner Geburt ist ja Jesus »das Lamm, das erschlagen wurde um der Welt willen«, wie es schon zu Anfang des Johannesevangeliums heißt (Joh 1, 29 ff.). Wenn jedoch Judas' angeblicher »Verrat« unverzichtbar war für die Entfaltung der Passionsgeschichte, warum mußte er dann verteufelt, verfehmt, verketzert und auf ewig verdammt werden? Auf diese Gegenfrage warten Juden bis heute auf die Antwort der Kirche.

Verzichtbar und überflüssig hingegen bleibt der echte Verrat – als Treuebruch – des Petrus, der dreimal seinen Herrn verleugnet – aus Ängstlichkeit –, während Jesus vor dem Hohen Rat steht; Petrus, der zusammen mit den anderen Jüngern sein Heil nicht in Jesus, sondern in der Flucht sucht, der auch nicht den geringsten Versuch wagt, seinen Herrn zu retten, und nicht einmal von ferne seinem Sterben beiwohnt oder ihn zumindest begräbt, wie der Täufer Johannes von seinen Jüngern begraben wurde.

Judas hat seine Tat bereut, das Blutgeld zurückgegeben, Buße getan und sich das Leben genommen, wie uns im Neuen Testament berichtet wird. Petrus hingegen fängt bei Markus an »zu weinen«. Bei Matthäus »geht er hinaus und weint bitterlich«. Bei

Lukas wendet sich Jesus um und sieht Petrus, der ihn soeben verleugnet hat, wortlos an. Laut Johannes passiert dem Petrus gar nichts; er wird nicht einmal verhört. Judas und Petrus – beide haben in den Evangelien Jesus die Treue gebrochen. Judas wird dafür in die Hölle verdammt, Petrus hingegen wird der erste Papst und zum Haupt der Kirche erhoben.

Kann da noch von Gerechtigkeit die Rede sein? In den Worten von Heinrich Böll: »Es ist schon merkwürdig, daß dem Petrus die dreimalige Verleugnung eher den fast liebenswürdigen Kredit menschlicher Schwäche eingebracht hat; dreimal – und in welcher Situation des Hohnes und der Verlassenheit! – krähte der Hahn, es weinte einer bitterlich und wurde später der erste Papst. Der andere, Judas, warf die Silberlinge in den Tempel, bekannte, er habe unschuldig Blut verraten, verzweifelte und beging Selbstmord. Man muß, so meine ich, wenn man über den Fall Judas liest, den Fall Petrus immer in Ergänzung dazudenken, die beiden ›Karrieren‹ dagegenhalten. Dazudenken muß man auch, daß Petrus, obwohl doch eindeutig Jude wie alle Jünger und Apostel, niemals als ›typisch jüdisch‹ interpretiert und dargestellt wurde. Der Jude, nicht etwa ein Jude, blieb aber Judas.« So weit der Katholik Heinrich Böll.

Oder ist Judas nichts anderes als eine künstliche Konstruktion der Evangelisten, die ihn als Gegenspieler zu Jesus benötigten, um so das Licht Jesu um so heller gegen den sündig schwarzen Hintergrund des Judas aufleuchten zu lassen? Paulus, der erste und älteste Kronzeuge unter allen neutestamentlichen Berichterstattern, kennt keinen Judas und weiß auch nichts von einem »Verräter« unter den Zwölfen. Ganz im Gegenteil: Sein Auferstehungsbericht, dem gemäß Jesus am Ostersonntag zuerst dem Kephas »und dann den Zwölfen« erschienen sei (I Kor 15, 5), läßt alle drei einander widersprechende Berichte über den Selbstmord des Judas bezweifeln. Dies gilt sowohl für das Sich-Erhängen (Mt 27, 3–10) und das Entzweibersten (Apg 1, 15–20) als auch das phantasiereiche Absterben durch Fäulnis, von der uns der Bischof Papias von Hierapolis um das Jahr 130 zu berichten weiß. Da die Ersatzwahl des Matthias als zwölftem Apostel anstelle des Judas erst 40 Tage nach jenem ersten Ostersonntag stattfand (Apg 1, 21–26), hätte es doch bei der Auferstehung heißen müssen. »*Dann erschien er den Elfen*« (1 Kor 15, 5). Ist es denkbar, daß Paulus weder vom Verrat noch vom frühzeitigen Tod des Judas gewußt hat? Oder daß beide Geschehnisse für ihn zu belanglos schienen, um sie in seinen Briefen zu erwähnen? Auch im Petrusevangelium, das nach den vier kanonischen abgefaßt wurde, lesen wir, daß Jesus nach der Kreuzigung »*von seinen zwölf Jüngern*« beklagt und beweint worden ist. »Petrus« und Paulus stimmen hier also seltsamerweise überein.

Wie die Schilderung vom Ende des Judas in der frühchristlichen Tradition immer drastischer bis ins Monströse gesteigert wurde, bezeugt der oben erwähnte Papias, der berichtet, Judas sei zu einem solchen Leibesumfang angeschwollen, »daß er nicht einmal, wo ein Wagen leicht durchfährt, hindurchgehen konnte, ja nicht einmal die Masse seines Kopfes. Denn seine Augenlider seien dermaßen angeschwollen gewesen, daß er überhaupt das Licht nicht sah (...) Eiter mit Würmern hätten seinen ganzen Leib aufs widerlichste zersetzt (...) Als er dann nach vielen Qualen und Strafen gestorben war, sei der Ort von dem Geruch bis jetzt öde und unbewohnt geblieben; ja, es könnte bis zum heutigen Tag nicht einmal einer an der Stelle vorübergehen, ohne sich die Nase mit den Händen zuzuhalten.« Das Zeugnis des Papias zeigt, auf welch derbe Weise und in welch volkstümlicher Treffsicherheit Judas aus allem hinaus interpretiert wird, was menschliches Maß hat. Man spürt förmlich das gruselige Behagen, mit dem die Geschichte bei den Kirchenvätern mit den abstoßendsten Einzelheiten ausgeschmückt wird. Solch ein Scheusal wie Judas muß natürlich Gottes Strafe zu kosten bekommen, so frohlockt die hämische Schadenfreude – und je grauenvoller, desto besser!

Johannes, der Nachzügler unter den Evangelisten, bei dem Judas gewissermaßen zum Bösewicht in Reinkultur verunglimpft wird, hat wegen der offenkundigen dualistischen Schwarz-Weiß-Malerei viel an historischer Glaubwürdigkeit eingebüßt. Seine Theologie beruht, ähnlich der in Qumran, auf Kontrastpaaren: Heil und Unheil; Leben und Tod; Glaube und Unglauben; Gott und Teufel. Und da Jesus »*der Sohn des Lichtes*« ist, wird Judas ausdrücklich als »*Mann der Nacht*« geschildert, als Satansbote und Würgeengel, der als fiktiver Gegenspieler Jesu der »*Sohn der Finsternis*« bleiben muß.

Und dennoch gibt es einen bedeutsamen Hinweis, der das Anti-Judas-Vorurteil des vierten Evangeliums zu widerlegen scheint und damit all jene Theorien bestärkt, die eine besondere Nähe zwischen Jesus und Judas annehmen.

Es geht um die Sitzordnung beim letzten Abendmahl – ausgerechnet aus der Feder des Johannes. Wie ernst man die Rangordnung zu Tisch bei festlichen Anläßen zu nehmen pflegte, bestätigt das Gleichnis Jesu, das vor der Ehrsucht warnt: »Er aber sprach zu den Gästen ein Gleichnis, als er bemerkte, wie sie die ersten Plätze (neben dem Gastgeber) wählten, und sagte zu ihnen: Wenn Du von jemand zur Hochzeit eingeladen wirst, so lege Dich nicht (obenan) auf den ersten Platz, damit nicht ein Geehrterer als Du von ihm geladen sei, (der aber zu spät ankommt) und dann der Gastgeber kommt und zu Dir sagt: Mache diesem da Platz! Und dann (erst) wirst Du anfangen, mit Schande den letzten Platz (untenan) einzunehmen. Sondern wenn Du geladen bist, so gehe hin und lege Dich gleich auf den letzten Platz (untenan), damit der Gastgeber komme und Dir sage: Freund, rücke höher hinauf! Dann wirst Du Ehre haben vor allen, die mit Dir zu Tische liegen« (Lk 14, 7–10).

Zu Jesu Zeiten pflegte man zu Tische zu liegen (wie es insbesondere in der Pessach-Liturgie verdeutlicht wird (vgl. Pessachim X, 1, wo das Liegen als Zeichen der Freiheit betont wird) und zwar auf Triklinien – einem Tischlager oder Tischsofa für drei Personen, das auch als griechisches Lehnwort (Traklin) Eingang in das Hebräische gefunden hat.

Das Brauchtum wollte es, daß der Ranghöchste (im allgemeinen der Gastgeber) den Mittelplatz einnahm, zu seiner Linken der Zweitwichtigste lag, während zu seiner Rechten der Drittgrößte plaziert war. In ihrer Mitte war Platz für den Tisch, auf dem die Speisen schüsselweise aufgetragen wurden. Das Ganze war so arrangiert, daß jeder Gast auf seiner linken Seite lag, sowohl um ein Verschlucken zu vermeiden (»auf daß die Luftröhre der Speiseröhre nicht zuvorkomme«, wie es im Talmud (Pessachim 108 a) heißt, als auch um die rechte Hand zum Essen frei zu halten, die sich dann nach Belieben von kleinen Eßtischchen zu seiner Rechten bedienen konnte.

Diese Anordnung der Triklinien hatte zur Folge, wie Wilhelm

Schmidt mit Recht bemerkt, daß sich der Kopf des jeweils rechts Liegenden in der Höhe der Brust des links neben ihm Liegenden befand. Wenn es also im Johannesevangelium (13, 23) heißt, daß *»einer, den Jesus liebhatte, zu Tisch an der Brust Jesu lag«*, so bedeutet das, daß er auf dem Speisepolster zur Rechten Jesu ruhte, so daß sein Kopf, wenn er sich Jesus zuneigte, an dessen Brust zu liegen kam. Dieser »geliebte« Jünger hatte also den *zweiten* Ehrenplatz an dieser Tafel inne, was voraussetzt, daß Jesus selbst ihm diesen Platz zugewiesen hatte: *»Freund, rücke höher hinauf!«* mußte er ihm gesagt haben − der übliche Wortlaut für eine solche Ehrung, wie Jesus sie auch in seiner Parabel verwendet (Lk 14, 10).

Nun stellt sich aber die Frage: Wem hat Jesus bei diesem schicksalsschweren letzten Abendmahl den *ersten* Ehrenplatz zu seiner Linken zugewiesen, den niemand ohne seine persönliche Weisung einzunehmen befugt war? Es heißt in der unmittelbaren Folge, daß Petrus sich mit dem »Lieblingsjünger«, der zur Rechten Jesu lag, heimlich verständigen wollte, um ausfindig zu machen, wer es wohl sei, von dem Jesus soeben gesagt hatte, *»einer von euch wird mich überliefern«* (Joh 13, 21). Eben dieser Jünger ist es, der gleich darauf Jesus fragte: *»Herr, wer ist es?«* Worauf Jesus antwortet: *»Der ist es, dem ich den Bissen eintauchen und geben werde«* (Joh 13, 26a).

Die Aussage, die nun folgt, ist angesichts der stilistischen Knappheit von sechs Versen, die der szenischen Schilderung des Mahles gewidmet werden, erstaunlich in ihrer Ausführlichkeit:

»Und als er den Bissen eingetaucht hatte, nimmt er ihn und gibt ihn dem Judas, Simons Sohn, dem Ischarioth« (Joh 13, 26b). Diese Gebärde, die allgemein als Zeichen besonderer Ehrenbezeugung, Bevorzugung und Zuneigung galt, konnte von keinem der zwölf Tischgenossen übersehen werden, denn sie geschah ja nach der ausdrücklichen Vorankündigung Jesu.

Wenn also Judas der Empfänger dieser Bevorzugung war, so mußte er zu Jesu Linken gelegen haben − auf dem *ersten* Ehrenplatz des Festmahls.

Der Gedanke, daß Jesus diese wohlbekannte Gebärde der vertrauten Zuneigung in eine Brandmarkung verfälscht habe, ist schlechterdings undenkbar, da keiner der Zwölf sie im negativen

Sinne verstanden hätte. Fazit: Judas stand zu Jesus in einem Verhältnis besonderer Nähe, die Jesus gerade beim letzten Abendmahl bestrebt war, allen anderen kundzutun! Wie dies sich mit der unmittelbar darauf folgenden »Auslieferung« Jesu durch Judas verträgt – eine Handlung, die Jesus angeblich beschleunigen will: »*Was du tust, tue schnell!*« (Joh 13, 27) –, das wird wohl eine offene Frage bleiben müssen.

Was viele Forscher ebenso stutzig gemacht hat, ist die schlichte Vernunftfrage: Was hatte Judas eigentlich zu verraten? Jesus hielt sich tagelang, umgeben von seinen Jüngern und zahlreichen Anhängern, in der Öffentlichkeit Jerusalems auf. Er war nicht nur eine stadtbekannte Figur, sondern pflegte auch im Tempelhof vor Tausenden von Einwohnern der heiligen Stadt zu lehren. Jesus selbst bestätigt dies in allen drei Synoptikern: »*Täglich saß ich im Tempel bei Euch, und Ihr habt mich nicht festgenommen!*« (Mt 26, 55 et par.) Man bedurfte also kaum eines Sachverständigen oder Geheimagenten, um sein Domizil zu erkunden. Es sei denn, wir akzeptieren die Hypothese, Jesus sei der Führer eines bewaffneten Aufstandes gegen die römische Besatzungsmacht gewesen und habe seine Nächte in einem geheimen Unterschlupf bei Bethanien verbracht. Diese These kann sich zwar auf eine Anzahl von widerstandsbejahenden Jesusworten und halbverschleierten Passagen im Lukasevangelium stützen, hat sich jedoch in der modernen Forschung nicht durchgesetzt. Wir bleiben also beim Jesus der Bergpredigt, der als friedliebender Messiasprätendent seinen triumphalen Einzug in Jerusalem begeht.

Unter solchen Umständen gab es auch beim besten Willen nichts, aber auch gar nichts, was Judas den Behörden hätte verraten können.

Kein Wunder also, daß bis heute eine Reihe von bekannten Bibelwissenschaftlern die Meinung vertritt, der vierte Evangelist habe, seine Vorgänger übertrumpfend, die dramatische Gestalt eines geldgierigen, bösherzigen Schurken geschaffen, dem er den Namen Judas gab, um klarzustellen, daß es sich nicht um irgendeinen Juden handelt, sondern daß hier der *Jude par excellence* gemeint ist. Judas beging zwar angeblich Selbstmord, aber seine Gestalt blieb nicht ohne Nachfolger: Von Shylock über Jud Süss bis zu den Nazikarikaturen galt immer die Gleichsetzung *Judas* gleich *Judah* gleich *Jude* – der pseudoreligiöse Treibstoff für die entsetzlichsten Pogrome und Massenmorde, die von Jerusalem aus über die Kreuzzüge bis nach Auschwitz geführt haben.

Alfred Loisy, der katholische Neutestamentler, fragt mit Recht: »Ist die Rolle des Judas nicht eine glatte Erfindung vom Anfang bis zum Ende; ein durchsichtiges Symbol des Judentums, das zum Schurken des Heilsdramas entwürdigt wird?« Adolf Jülicher ist der Meinung, die Verrats-Perikope sei von der Heidenkirche erfunden worden, um so ihre Bande mit der Synagoge endgültig zu zerschneiden. Daß hier nicht alle Evangelien einstimmig waren, bezeugt Lukas, der sich nicht nur des Wortes »Verrat« enthält, sondern auch den Tod des Judas in Worten schildert (Apg 1, 18), die die Möglichkeit eines Unfalls offenlassen. Rudolf Bultmann kommt im Zuge seiner Entmythologisierung zur Überzeugung, der ganze Judas-Komplex sei »legendärische Färbung«, und Klostermann, der Neutestamentler, zweifelt, ob man je imstande sein wird, Wahrheit von Dichtung in der Judasaffäre zu unterscheiden.

Da so gut wie alle Bibelwissenschaften Judas zum Rätsel erklärt haben, das keine von ihnen restlos aufzuhellen vermag, versuchten die Psychologen ihr Glück. So stellt uns Theodor Reik, ein Freudschüler, Judas als »das andere Ich Christi« vor. Dem Unterbewußtsein der ersten Christen habe sich nach Jesu Tod die Einsicht eingeprägt, Jesus hätte sich gegen Gott versündigt, indem er gegen das Gesetz oder Teile des Gesetzes verstoßen habe. So kommt es in der Regel zum Sündenbock, der nichts anderes ist als ein Stück verdrängtes und verurteiltes Ich. Judas, die Ich-Abspaltung Jesu, wird so zum Träger der Sünden, Angstträume und Irrwege, die einst in der Seele Jesu beheimatet waren, die aber das nachösterliche Jesusbild seiner Anhänger nicht zu tolerieren gewillt war. Demnach ist eigentlich Jesus selbst und nicht Judas der Gottverräter des neutestamentlichen Unterbewußtseins. Im Zuge einer psychologischen Abspaltung kommt es zur bequemen Zweiteilung, die alles Edle und Reine in Jesus verewigt, um seine Anfechtungen und Schattenseiten dem Judas aufzuhalsen, der sie, als williger Sündenbock, mit sich »in die Wüste trägt«.

Historisch besser belegt ist jene Theorie, die eine Identität zwischen Judas, dem »Herrenbruder«, und dem Apostel Judas wittert:

»Herr, was ist geschehen, daß du dich uns offenbaren willst und nicht der Welt?« (Joh 14, 22). Diese sanfte Rüge, die Judas der Apostel an Jesus richtet, ist im Grunde derselbe Vorwurf, den sein Bruder Judas dem Nazarener macht: *»Niemand wirkt im Verborgenen und bemüht sich zugleich, in der Öffentlichkeit zu sein. Wenn du solches wirkst, so offenbare dich der Welt!«* (Joh 7, 4) Aus beiden Aussagen spricht dieselbe Ungeduld, die aus dem ungestümen Drängen »der Juden« spricht, als sie von Jesus Rechenschaft forderten: *»Bis wann hältst du uns noch hin? Wenn du der Christus bist, so sage es uns frei heraus!«* (Joh 10, 24)

Hinter diesen Worten mag vielleicht die Absicht der Aktivisten unter den Zwölfen stecken, zu denen Petrus, Judas und vielleicht auch die beiden »Donnersöhne« gehörten, Jesus zu einer tatkräftigeren Messiaspolitik zu bringen, die nicht vor dem Aufstand zurückschrecken sollte. Diese Anschauung mag wohl auch der Grund ihres Zwistes gewesen sein, der zwischen Jesus und Petrus ausbrach, wonach dem letzteren gesagt wurde:

»Hinweg von mir, Satan! Denn du denkst nicht an die Sache Gottes, sondern der Menschen!« (Mk 8, 33)

»Satan« ist bekanntlich der Beiname, den Johannes zweimal für Judas reserviert. Da Judas Iskariot und Judas der »Herrenbruder« ähnliche Anschauungen vertreten zu haben scheinen, könnte es da nicht sein, daß es sich um ein und dieselbe Person handelt?

Eine Person, die jedoch als Iskariot allzu deutlich zum Militaristen wurde und daher in zwei gespalten werden mußte: ein guter Judas, der als Bruder Jesu in das dynastische Weltbild der Urgemeinde hineinpaßte – und ein böser Judas, der nachträglich zum Teufelsboten verketzert werden konnte.

Für diese Theorie sprechen die Überlieferungen des Eusebius, der uns in seiner »Kirchengeschichte« berichtet, daß einer der fünfzehn judenchristlichen Bischöfe der Jerusalemer Urkirche Judas hieß und daß zur Zeit der domitianischen Christenverfolgungen *»die Enkelsöhne des Judas, der ein Herrenbruder war«*, von den römischen Behörden verhaftet wurden – aus Angst, sie würden einen neuen messianischen Aufstand provozieren. Diese historisch mehrmals belegte Furcht der Römer vor erneuten messianischen Aufständen im Lande Israel, insbesondere aus der Nachkommenschaft des Judas, passen trefflich zu den ungeduldigen Fragen, die Jesus »am Fest der Tempelweihe in Jerusalem« gestellt werden (Joh 10, 22), das heißt am Fest der makkabäischen Volksbefreiung, das wiederum auf den messianischen Unterton des Namen »Judas« hinweist.

Juda, der Sohn der Lea, war bekanntlich der Stammvater des Stammes *Juda*, dem Boas, Ischai und David entstammen, aus deren Nachkommenschaft der Messias erwartet wird – eine immergrüne Hoffnung, für die der Segen, den Jakob seinem Sohn Juda auf dem Sterbebett erteilt, seit Bibelzeiten als Bestätigung gilt (Gen 49, 8–10). Ihm zu Ehren wurde der Erstgeborene der fünf Makkabäerbrüder *Juda* genannt, der Israel vom Joch der Seleukiden befreite, den Tempel in Jerusalem reinigen und neu einweihen konnte (um 167 v. Chr.), was allgemein als Vorzeichen der kommenden Erlösung aufgefaßt wurde.

Nicht zuletzt kam *Juda(s)*, der Galiläer, der den Aufstand gegen die Römer anführte, als Jesus noch ein Knabe war, aus einer Familie, in der die Anwartschaft auf das Amt des messianischen Befreierkönigs geradezu als erblich galt.

Eine fällige Rehabilitation

Kurzum: Der Name Judas hatte zu Jesu Zeiten sowohl einen messianischen als auch einen makkabäischen Beigeschmack, was sowohl seine Popularität im Volke erklärt – nicht weniger als sieben »Judasse« tauchen, wie gesagt, im Neuen Testament auf – als auch die Annahme nahelegt, daß jüdische Eltern, die ihrem Sohn im 1. Jahrhundert den Namen Juda(s) gaben, entschlossen waren, ihn im Geiste der Freiheit Gottes zu erziehen. Es ist also nicht auszuschließen, daß Judas »der Dolchmann« sich in Jesus jenen so heiß ersehnten Messias erhoffte, der das Werk Judas, des Makkabäers, vollenden würde, indem er Israel vom Joch der Römer befreite, um das Gottesreich auf Erden endlich aufzurichten.

Doch ehe wir zur Motivation des »Verräters« vorstoßen, gilt es vorerst, die Antithese zu widerlegen, Judas sei lediglich eine Ausgeburt antijüdischer Tendenzen in der frühen Heidenkirche und entbehre daher jedweder konkreten Substanz.

Allen Ungereimtheiten und Widersprüchen zum Trotz, sprechen zwei beredte Argumente *für* die Historizität von Judas Iskariot. Zum ersten: Sein spurloses Verschwinden in der Nacht, als Jesus verhaftet wurde. Hier stimmen alle Schriften überein, obwohl verschiedene Gründe hierfür angeboten werden. Zum zweiten: Die Gestalt des Judas war allzu peinlich für die Urgemeinde, als daß sie jemand von ihnen frei hätte erfinden können. So stellt zum Beispiel Celsus, der römische Schriftsteller, die Göttlichkeit Jesu in Frage, da er sich ja »*von einem seiner Jünger*« hatte verraten lassen. »Dies hätte nicht einmal einem Räuberhauptmann geschehen können«, fügt er spöttisch hinzu, »denn ein solcher hätte sich eines höheren Prestiges erfreut und wäre ein besserer Kenner seiner eigenen Leute gewesen.« Es scheint daher äußerst unwahrscheinlich, daß die Evangelisten eine Legende wiederholen und ausschmücken würden, die nicht nur ihre eigene Christologie in Verlegenheit zu bringen drohte, sondern noch dazu auf einer Fälschung beruhte.

Wenn also der Kern der Judasgeschichte historisch ist, was bewegte den Schatzmeister der Apostelschar, seinen geliebten Herrn und Meister zu überliefern? Aus der Unzahl von Theorien und Hypothesen, die seit Jahrhunderten die Theologie überschwemmen, seien hier nur die wichtigsten genannt. Hochmut und Ehrgeiz haben Judas angetrieben, so sagen einige, Jesus aus dem Weg zu schaffen, da er allmählich zu der Überzeugung gekommen sei, er selbst könne das Himmelreich auf wirksamere Weise herbeiführen. Eifersucht auf Johannes, »den geliebten Jünger«, und auf Petrus, den »Felsenmann«, habe den heißblütigen Judas dazu gebracht, seinen Meister in einem Anfall von Haßliebe zu verraten. Als es dann jedoch ernst wurde, war es zu spät, die voreilige Tat zu bereuen – und Judas erhängte sich.

Der Kirchenvater Epiphanius berichtet uns von einer obskuren judenchristlichen Sekte, die behauptete, »Judas habe Jesus verraten, da er ihn als bösen Menschen betrachtete, der die Tora zerstören wolle.« Was sich hinter diesen rätselhaften Worten des

Kirchenvaters verbirgt, ist heute nur schwer zu erraten. Mit großer Wahrscheinlichkeit handelt es sich jedoch um das verschollene »Judasevangelium«, das in verschiedenen Ketzerkatalogen der Kirchenväter Irenäus, Epiphanius von Salamis, Augustinus und anderen Erwähnung findet, in dem es um die Rehabilitation des Judas geht.

»*Was du tun willst (oder: sollst), das tue sogleich!*« (Joh 13, 27) soll Jesus zu Judas gesagt haben, woraus die Sekte der Ophiten (oder: der Kainiten) gefolgert habe, Judas sei »*der beste Jünger*« und »*der gelehrteste der Apostel*« gewesen, der dank seines »*ausgezeichneten Wissens um die Wahrheit*« das »*Mysterium des Verrats*« bewirkt hatte, durch den alles Irdische und Himmlische »*aus den Banden des Bösen gelöst und befreit wurde*«. Ohne seinen Verrat gäbe es also keine Gefangennahme, keine Kreuzigung, keine Auferstehung und daher auch keine Erlösung.

Die Logik der ophitischen Geheimlehre ist bestechend: Gegen den »Lieblingsjünger« Johannes setzt sie den »*besten Jünger*« Judas; gegen die persönliche Vertrautheit des ersteren stellt sie die objektive Funktion des letzteren:

Der Verräter wird zum Schrittmacher des göttlichen Heilsplanes. Die römische Kirche war prinzipiell anderer Auffassung. Nachdem die Sekte, von Syrien kommend, Anhänger in Norditalien und Südfrankreich gewinnen konnte, wurde sie im Rahmen der Albigenser-Kreuzzüge mit Stumpf und Stiel von katholischen Truppen ausgerottet.

Goethe, der sich jahrelang mit dem Gedanken trug, ein Buch über Judas zu schreiben, war der Meinung, Iskariot wollte Jesus zum Heilshandeln zwingen, um seinen Messiasanspruch auf die Probe zu stellen. Sein sogenannter »Verrat«, besser: sein Ausliefern, war daher ein Akt des Glaubens, der Jesu Endziel zu fördern beabsichtigte. Es war sein letzter verzweifelter Versuch, seinen geliebten Meister zu dem großen Wunder zu nötigen, auf das Judas als das Offenbarwerden der Messiasvollmacht so ungeduldig und so lange gewartet hatte. Als dies jedoch fehlschlug, erkannte Judas seinen tragischen Irrtum – und beging Selbstmord. So weit Goethe.

Jesus und Judas stehen einander in vielen Deutungen in einem – fast möchte man sagen: komplementären – Gegensatz gegenüber: Jesus als Schmerzensmann ist zum Heiland des Volkes geworden; auf ihn lassen sich alles Leid, aber auch alle Hoffnung laden. Der Verräter Judas hingegen wird zum Sammelpunkt aller Ressentiments; in ihn wird all das projiziert, was man verabscheut, fürchtet und haßt. Er wird als Antipol zu Jesus gleichsam zum Sündenbock, der den Nazarener als Opferlamm ergänzt. Es ist diese primitive Schwarz-Weiß-Malerei, gegen die der Schweizer Theologe Karl Barth revolutionären Einspruch erhebt: »Kann man bei aller Unähnlichkeit die Ähnlichkeit übersehen, in der unter allen anderen Aposteln allein Judas hier Jesus gegenüber und zur Seite steht?« So schreibt er und fährt fort: »Es bleibt, daß auch er (…) seinen Tod an der Stelle der anderen erlitten hat. Daß Jesus faktisch nicht allein in den um der Sünde aller Apostel willen notwendigen Tod gegangen ist. Sondern mit ihm (..)«[4]

Neander, ein Historiker, vertritt die Theorie, Judas' Verrat habe als Prüfstein gedient: Wenn Jesus wirklich der von Gott gesandte Messias war, so konnte ihm weltliche Macht nichts anhaben. War er jedoch lediglich ein falscher Messias, so gebühre ihm die Strafe der Kreuzigung. DeQuincey betrachtet die Tat des Judas als waghalsig, jedoch nicht als treulos. Da er seinen Meister nur an die jüdischen Tempelherrscher auslieferte, nicht an die verhaßten Römer, wollte er ihm so die Gelegenheit bieten, das Signal zum nationalen Aufstand zu geben – ohne sein Leben zu gefährden. Als die Sadduzäer jedoch Jesus den Römern übergaben, um ihn zu verurteilen, wählte Judas aus bitterer Enttäuschung den Freitod.

Edmond Fleg, der jüdische Schriftsteller aus Frankreich, deutet in seiner Rekonstruktion der Passionsgeschichte Judas als orthodoxen Juden, dessen hauptsächliches Anliegen die Erfüllung der biblischen Prophezeiung ist. Da er in Jesus den von Gott erkorenen, leidenden Gottesknecht sieht, dessen Messianität sich durch seine Todesqualen offenbaren soll, verhilft er seinem geliebten Rabbi zu der Rolle, die, wie er glaubt, der göttliche Heilsplan für ihn vorgesehen hat.

Armand Payot stellt sich in seinem Drama »Der Mann am Strick«

---

4. Kirchliche Dogmatik II, 2, Zürich 1942, S. 532

Judas als gescheiterten und an Jesus verzweifelnden Idealisten vor. Am Tage des Einzugs Jesu in Jerusalem ist er von Siegesstimmung erfüllt. Nun besteht kein Zweifel mehr, so jubelt es in seinem Herzen, das Herumziehen hat ein Ende, denn Jesus wird nun endlich die Macht an sich reißen, um das Himmelreich herzustellen. Da kommt Maria Magdalena mit der traurigen Nachricht, Jesus habe sich nach Bethanien zurückgezogen. Judas sicht die Sache Jesu verraten. In glühendem Zorn nimmt er Kontakt mit einem Spitzel des Hohen Rates auf, um Jesus, »den Verräter«, zu entlarven. Insgeheim hofft er, Jesus werde sich verteidigen, der Himmel werde für ihn »*mit zwölf Legionen Engel*« eingreifen, der Aufstand werde endlich ausbrechen − und alles werde sich zum Guten wenden.

Als Jesus am Kreuze stirbt, bricht seine Welt zusammen und er folgt seinem Rabbi in den Tod.

Judas, der heilsdurstige Zelot − so sieht ihn der jüdische Theologe M. Joel − schließt sich der Apostelschar an, da er an die Messianität Jesu glaubt, die für ihn nur durch die Befreiung des heiligen Landes vom Greuel des Heidenjoches beginnen kann. Mit Jesu wachsender Friedensliebe, mit seiner Betonung, »sein Reich sei nicht von dieser Welt«, und letztlich mit seiner Quisling-artigen Antwort auf die Kaisersteuerfrage reift in Judas die bittere Einsicht, daß dieser Jesus kein Messias, sondern ein Volksverführer sei, der beseitigt werden müsse. Als solchen übergibt er ihn den Behörden, um ihn zu bestrafen und die Bahn freizumachen für jenen Aufstand gegen Rom, der als Ausgangspunkt auf dem Weg zum Himmelreich dienen solle. Nicht Judas ist hier der Verräter, sondern Jesus − und deshalb verrät ihn Judas, um die Sache Jesu zu erretten.

Unter den einfühlsamen Deutungen der jüngsten Zeit sei noch der Dramaturg Marcel Pagnol erwähnt, der in seinem Theaterstück »Judas« die bohrende Frage aufwirft: »Ist Judas in der Hölle?« − nur um Jesus selbst antworten zu lassen: »Ich kann Eure Frage nicht beantworten (...) sonst würden die Leute am Ende meine Nachsicht nur ausnützen!« Der Kurienkardinal Roger Etchegaray, der Pagnol mit Zustimmung zitiert, schrieb unlängst einen »Offenen Brief an Judas«, in dem es heißt: »Wer bist Du nur, Judas, der Du wie die anderen Apostel alles im

Stich gelassen hast, um Jesus nachzufolgen? Meinst Du vielleicht, Jesus hätte Dich auserwählt (...), wenn er Dich für einen unverbesserlichen Schurken gehalten hätte? (...) Sag, vielleicht warst Du das unverzichtbare Zahnrädchen in der Maschine Erlösung? (...) Das ganze Problem des Bösen, der Vorher-Bestimmung und der Freiheit, des Gerichts und des Heils wird ja durch Dein Leben und Deinen Tod auf die Spitze getrieben (...) Du wolltest Dich von Deinem eigenen Leben losreißen und hast Dich an einem Baum erhängt – wußtest Du nicht, daß Du, in Gottes Hände fallend, zur Beute seiner unendlichen Liebe würdest? (...) Die Kirche überliefert zwar unverkürzt das geheimnisvolle Dogma von der Hölle, aber sie hat niemals zugelassen, auch nur einen Verdammten namentlich zu benennen (...) Adieu, Gott befohlen, Judas!«[5]

Letztlich haben wir die Deutung von Walter Jens, der in seinem Buch »Der Fall Judas« einen Seligsprechungsprozeß für Judas in Jerusalem beantragen läßt. Und warum auch nicht. Zu einer Zeit, in der der Teufel, Satan und die Dämonen längst nicht mehr zum Glaubensgut aller Christen gehören, bleibt immer noch der evangelische Textbefund gültig:

»Ein revoltierender Judas, der Jesus das Leben rettet, hätte uns allen den Tod gebracht.« Indem Walter Jens die Tat des Judas einen heroischen Akt der Selbstverleugnung, ein Martyrium ohnegleichen nennt, läßt er seinen fiktiven Theologen sagen:

»Hätte Judas sich geweigert, unseren Herrn Jesus den Schriftauslegern und großen Priestern zu übergeben, hätte er Nein gesagt (...), als Christus ihn anflehte, barmherzig zu sein und ein Ende zu machen, hätte er sich seiner Bestimmung entzogen und die Tat verschmäht, die um unser aller Erlösung willen getan werden mußte – er wäre an Gott zum Verräter geworden. Ohne Judas kein Kreuz, ohne das Kreuz keine Erfüllung des Heilsplanes. Keine Kirche ohne diesen Mann; keine Überlieferung ohne den Überlieferer.« Worauf die eindeutige Empfehlung folgt: »Ich stelle den Antrag, den Mann aus Keriot seligzusprechen. Der Sohn der Hölle, dies wollte ich zeigen, ist der Beauftragte Gottes und der Bruder unseres Herrn Jesus gewesen. Ich denke, wir haben viel wiedergutzumachen an Judas. Wir alle.«

5. Wie der Esel vor Jerusalem, Freiburg 1985, S. 20–22

»Gute Botschaft für Judas Ischarioth« benennt Helmut Gollwitzer seine Meditation über das Problem von Schuld und Vergebung. Indem er die Überzeugung vertritt, daß auch dem Judas vergeben wird, nennt er das Neue Testament »das Buch der Sorge um Judas« und fährt fort: »Der Verräter Judas darf nicht schlechter gestellt werden als der Verleugner Petrus, der Verfolger Paulus, die versagenden Jünger alle. Weder seines Verrates noch seines Selbstmordes wegen darf er außerhalb des Wirkbereichs der vergebenden, Leben gebenden Liebe gestellt werden. Wird hier eine Grenze gezogen, dann wird zweifelhaft, wo wir anderen bleiben, die wir oft allzu selbstverständlich uns innerhalb dieser Grenze wähnen, wir kleinen Versager, oft auch Verräter.«[6]

Diese Liste von Judasdeutungen ist keineswegs vollständig. Leo Baeck, Martin Buber, H. L. Goldschmidt, David Flusser und etliche andere jüdische Denker haben sich mit dieser faszinierenden Gestalt auseinandergesetzt. Es ist in der Tat an der Zeit, daß auch die Brüder des Judas sich mit ihm befassen, um aus einem uralten Rufmord einen Baustein zum biblischen Brückenschlag zu machen. Für dieses historische Unterfangen aber bedarf es der Mitarbeit aller wohlmeinenden Christen, auf daß diesem Apostel endlich Gerechtigkeit widerfahre – in den Schulbüchern, auf der Kanzel und im Religionsunterricht.

6. Krummes Holz – Aufrechter Gang, München 1971, S. 282.

Der sogenannte »Prozeß«
vor dem Hohen Rat

Die fatale »Gottesmord«-Tradition

»Welchen Eindruck, glaubst Du, wird die Erzählung auf das Gemüt des Kindes machen, wenn Du ihm von den Drangsalen, die Jesus in seinem Leben ertragen mußte, berichtest, von dem Verrat, den einer seiner Gefährten an ihm beging, wie die anderen ihn verleugneten, sowie von den Beschimpfungen und Beleidigungen der anderen Juden, die ihn schließlich ans Kreuz schlugen – wie man es so oft auf den Bildern sieht – und die wollten, daß sein Blut über sie und ihre Kinder käme, während er für sie betet, daß das nicht geschehen möge und daß der Himmlische Vater ihnen diese Sünde vergebe (...) Wenn Du ihm berichtest, daß zur gleichen Zeit ein schändlicher Räuber lebte, der zum Tode verurteilt war; daß das (jüdische) Volk dessen Freilassung verlangte und es ihm zujubelte (...), während es schrie: ›Ans Kreuz mit ihm! Ans Kreuz mit ihm!‹ Sicherlich wird es fest entschlossen sein, wenn es einmal groß geworden ist, alle jene Gottlosen in Stücke zu reißen, die sich gegen die Liebe Jesu gewendet haben.« Mit diesen Worten beschreibt der dänische Theologe Sören Kierkegaard vor über 120 Jahren in seinem Buch »Einübung in das Christentum« die blutige Wirkungsgeschichte unzähliger Osterpredigten, die die Passionsgeschichte Jesu in eine Passion der Juden verwandelte, Karfreitag jahrhundertelang zum Pogromtag machte und das Heil der Christen zum Unheil für Jesu leibliche Brüder werden ließ.

Und in der Tat, wieviel unterschwelliger Haß vom christlichen Durchschnittskind (»das Kind ist der Vater des Mannes«) in seine spätere Reife mitgebracht wird, bezeugt der judenfreundliche Schriftsteller Romain Rolland in seinem Roman »Jean-Christoph«.

»Sein Großvater konnte die Juden nicht leiden; aber die Ironie des Schicksals wollte es, daß seine zwei besten Musikschüler

– der eine ist ein Komponist geworden, der andere ein ausge-
zeichneter Virtuose – Israeliten waren, und der gute Mann war
darüber sehr unglücklich, denn er wollte öfter diese beiden
Musiker in die Arme schließen. Doch dann erinnerte er sich, daß
sie Gott gekreuzigt hatten; und er wußte nicht, wie er seine
verwirrten Gefühle ordnen sollte (...) Was seine Mutter betraf,
so war sie nicht sicher, keine Sünde zu begehen, wenn sie bei
Juden als Köchin bediente (...) Sie hatte nichts gegen sie (...) sie
war voll Mitleid mit diesen Unglücklichen, die Gott verdammt
hatte.«

Von Anfang an stand der Kreuztod Jesu im Zentrum der christlichen Verkündigung. Paulus predigt »das Wort vom Kreuz«;
Martin Kähler hat die Evangelien als »Passionsgeschichten mit
ausführlicher Einleitung« erkannt, und im christlichen Tauf-Got-
tesdienst wird heute noch regelmäßig Mk 16, 16 rezitiert: »Wer
glaubt und getauft wird, wird selig werden; wer aber nicht glaubt,
der wird verdammt werden«, – womit die Juden zur Heillosigkeit
prädestiniert werden. Mehr noch! Seit der endgültigen Redigie-
rung der Evangelien wird die jüdische Ablehnung Jesu als Heiland der Welt als »Verurteilung«, ja, Ermordung Jesu ausge-
geben.

Schon im 1. Jahrhundert taucht die Mordanklage auf: »Ist es
nicht der, den wir beschimpft, bespuckt, geschlagen und schließlich gekreuzigt haben?« So läßt der Pseudo-Barnabas seine
»Juden« sagen. »Ihr habt ihn, den einzig Fehlerlosen und
Gerechten, gekreuzigt!« So sagt Justin, der Kirchenvater, 50
Jahre später zu seinem (fiktiven) jüdischen Dialogpartner Try-
pho: »Ihr habt den Gipfel Eurer Verderbtheit erreicht, da Ihr den
Gerechten gehaßt und getötet habt!« Origenes, der größte Theologe des 3. Jahrhunderts, ist womöglich noch krasser. In seinem
Matthäus-Kommentar stellt er, in Überbietung aller vier Evange-
lien, fest:

»Die Juden haben Jesus ans Kreuz genagelt (...), daher fällt das
Blut Christi nicht nur auf die Juden seiner Zeit zurück, sondern
auch auf alle Generationen der Juden bis an das Ende der Welt.«

Und Thomas von Aquinas verdoppelt zur Zeit der Kreuzzüge das
sogenannte kollektive Volksverbrechen:

»Die Juden sündigten als Kreuziger nicht nur des Menschen

44

Jesus, sondern auch des Gottes Christus.« Hier sei vorerst vom ersten Teil dieser Doppelanklage die Rede: des Menschenmordes – die einzige Beschuldigung, die das Neue Testament erhebt. So sagt der lukanische Petrus zu seinen Volksgenossen in Jerusalem: »Jesus von Nazareth, einen *Mann*, von Gott bei Euch beglaubigt (...), habt Ihr durch die Hände der Gesetzlosen (Heiden) ans Kreuz geschlagen und umgebracht« (Apg 2, 22 f.). Petrus, der seinen Herrn zur Zeit seiner Passion dreimal verleugnet und sein Heil in der Flucht gesucht hatte, wäre der Wahrheit wohl nähergekommen, wenn er gesagt hätte: »*Jesus von Nazareth (...) den wir (...) ans Kreuz geschlagen und umgebracht haben.*«

Wie dem auch sei, bescheinigt Petrus seinen Mit-Juden die Lauterkeit ihrer Motivation, da ja all diejenigen, die für Jesu Kreuzigung mitwirkten, in ihm nur einen falschen Propheten, einen Pseudo-Messias oder einen Volksverführer sehen konnten: »Aber ich weiß, Brüder, Ihr habt aus Unwissenheit gehandelt, wie auch Eure Führer« (Apg 3, 17). »*Diese (Juden) haben auch den Herrn Jesus und die Propheten getötet*« (1. Thess 2, 15), so heißt es ebenso bei Paulus in einer Stelle, die inzwischen als späteres Einschiebsel eines heidenchristlichen Glossators entlarvt worden ist. »Ihr habt den Teufel zum Vater, und nach Eures Vaters Gelüste wollt Ihr tun. Der ist ein Mörder vom Anfang an«, so läßt Johannes den Nazarener sagen (Joh 8, 44 ff.) – wobei der Text nicht nur »*die Juden*« summarisch zur »*Teufelsbrut*« erklärt, sondern auch unmißverständlich an Kain und seinen Brudermord erinnern will.

Von Euseb, dem ersten Kirchengeschichtler, an, gilt es als ausgemachte Sache, daß die Zerstörung Jerusalems, die Zerstreuung der Juden, ihre Vertreibung aus ihrer Heimat und das Elend ihrer Lebensumstände, daß die Kirche mit allen Machtmitteln zu erwirken wußte, nichts anderes war als die gerechte »*Strafe Gottes*« für die angebliche Ermordung seines Sohnes.

Der Bischof Melito von Sardes, eine der angesehensten kirchlichen Persönlichkeiten um 160 in Kleinasien, posaunt es in die Welt: »Höret es, alle Geschlechter der Völker, und seht es: Ein niegewesener Mord geschah in Jerusalem, in der Stadt des Gesetzes, in der hebräischen Stadt, in der Stadt der Propheten, in der

Stadt die als gerecht angesehen wurde! (...) Der, welcher die Erde aufgehängt hat, ist selbst aufgehängt worden; der, der die Himmel anheftete, ist angeheftet worden, der, der das All festgemacht hat, ist am Holz festgemacht worden! (...) Gott ist getötet! Der König Israels ist durch Israels Rechte beseitigt worden!«

Augustinus, die Leuchte der Kirchenlehrer im angehenden Altertum, schreibt: »Die Juden, die Christus töteten und nicht an ihn glauben wollten, wurden von den Römern vertrieben und in die ganze Welt zerstreut.« Augustinus verschärft als erster die Situation für die Juden in der Weise, daß er sie unentrinnbar macht, indem er die in den Passionsgeschichten geschilderten Verhaltensweisen zu Charakter- und Wesensaussagen der Juden macht: »Sie haben immer noch die Bitterkeit ihrer Eltern, die dem Herrn Galle zur Speise gaben, und sie sind alt durch den Essig, den sie ihm zum Trank gaben (...) sie selbst sind nämlich bitter wie Galle und sauer wie Essig geworden, da sie dem lebendigen Brot Galle und Essig zur Speise reichten!« So spricht Augustin von den Juden als »aufgerührter Schmutz«, »triefäugige Schar«, und »Essig«, »ausgearteter Wein der Propheten, von der Ungerechtigkeit dieser Welt angefüllt wie ein volles Gefäß, mit einem Herzen wie Schwamm, trügerisch sozusagen durch löcherige und krumme Schlupfwinkel.«

In der berüchtigten Altersschrift Martin Luthers »Von den Jüden und ihren Lügen« ist häufig vom Verhalten der Juden gegen Christus die Rede:

»Da ging das Feuer wider ihn (Christus) aus, da wurden sie zornig, bitter, giftig, unsinnig auf ihn und gossen endlich die Glocken, daß sie ihn töten wollten. Also taten sie auch, kreuzigten ihn, so schändlich sie nur konnten, und kühlten ihr Mütlein so, daß auch der Heide Pilatus es merkte und bezeugte, daß sie ihn aus Haß und Neid ohne Ursache unschuldig verdammten und töteten«. Und so kam es dann zu den harten Vorschlägen Luthers, wie »mit diesem verworfenen, verdammten Volk der Juden (...) eine scharfe Barmherzigkeit geübt werden soll.« So rät er, »daß man ihre Synagogen mit Feuer anstecke und, was nicht verbrennen will, mit Erde überhäufe (...), daß man ihre Häuser desgleichen zerbreche oder zerstöre (...), daß man ihnen alle Betbüchlein und Talmudisten nehme (...), daß man ihren

Rabbinern bei Leib und Leben verbiete, hinfort zu lehren (...), daß man den Juden das Geleit und Straße ganz und gar aufhebe, denn sie haben nichts auf dem Lande zu schaffen.«

So kann auch Adolf Hitler, in den Fußstapfen unzähliger Kirchenväter, Päpste und Reformatoren behaupten: »Die Juden haben Jesus gekreuzigt; darum sind sie nicht wert zu leben.« Und so führt eine fast 2000jährige Blutspur von Golgotha über die Massenkreuzigungen der Römerlegionen und die Judenmetzeleien der Kreuzzüge bis in die Gasöfen von Auschwitz: vom Mythos des »Christusmordes« bis hin zur Tatsache des Völkermordes.

Man greift sich unwillkürlich an den Kopf und fragt: Wieso war all dies möglich in einem christlich getauften Europa? In erster Linie aufgrund einer uralten Kollektiv-Beschuldigung wegen eines Mordes, die so absurd ist, daß kein moderner Gerichtshof sie heute aufrechterhalten könnte. Eine ganze Nation wird verflucht, verbannt und dezimiert aufgrund von Beweismaterial, das in seiner lückenhaften Einseitigkeit keinem objektiven Juristen einleuchten könnte.

Mit anderen Worten: Die Anklage des Christusmordes von Judenhand zerfällt bereits, wenn man den gesunden Menschenverstand und ein Mindestmaß an geschichtlicher Kenntnis zu Wort kommen läßt.

Überlieferung und Schuldverschiebung

Beginnen wir mit den eindeutigen Begebenheiten. Sowohl Judäa wie Rom besaßen vor zwei Jahrtausenden hochentwickelte Rechtssysteme, in welchen genaue juridische Normen bis ins einzelne festgelegt waren. Es darf daher vermutet werden, daß im Falle Jesu eine Art von Protokoll geführt wurde, wobei außer der Anklage und dem Urteil der Hergang des Beweisverfahrens wenigstens in seinen Hauptzügen dokumentiert worden ist. Von all dem wissen wir leider nichts.

Uns stehen weder Amtsakten noch authentische Berichte oder Zeugenaussagen zur Verfügung, die dem Historiker oder dem Juristen verläßliche Kenntnisse über jenes militärische Schnellverfahren in Jerusalem übermitteln könnten. Wir sind ausschließlich auf die Evangelien angewiesen.

Doch was sind diese Evangelien? Sie sind offenkundig weder Selbstzeugnisse Jesu noch historische Urkunden oder Augenzeugenberichte, sondern erstens Predigt, zweitens Missionsliteratur, und schließlich Apologetik. »Diese wurden aufgeschrieben, damit Ihr glaubet, daß Jesus der Christus ist, der Sohn Gottes«, so sagt es Johannes (20, 31) mit bestechender Offenheit, was im Grunde das ausschließliche Anliegen aller Evangelisten kennzeichnet. Nicht um *Berichterstattung* geht es ihnen, noch um nüchterne Geschichtsschreibung, sondern einzig und allein um *Zeugnisse des Glaubens*. Deshalb ist manches, was in den folgenden Ausführungen für christliche Ohren hart klingen mag, im Grunde nur gegen eine falsch verstandene Auffassung des genuin Christlichen in den Evangelien gesagt. Um die rauhen, zeitbedingten Schalen der Evangelien geht es also, die abgeschält werden sollten, nur um den Glaubenskern desto heller aufleuchten zu lassen.

Vor allem darf aber nicht vergessen werden, daß die Evangelien von Menschen für Menschen geschrieben wurden und daher gegen keine der Schwächen des Menschentums gefeit sind. Sie wurden zweifelsohne inspiriert – aber diktiert wurde keines von ihnen. Ansonsten »wäre der Evangelist nur ein ganz mechanischer Sekretär gewesen«, wie der katholische Theologe Gerhard Lohfink betont, »er hätte alles Eigene ablegen und wie eine Maschine das wörtliche Diktat Gottes niederschreiben müssen. Man könnte ihn dann mit Recht eine Schreibmaschine Gottes nennen (...) Bei den heutigen Theologen ist diese Vorstellung mit Recht nicht mehr beliebt. Denn bei diesem Vergleich ist die Gefahr groß, daß der menschliche Anteil an der Entstehung der Heiligen Schrift unterschätzt wird (...) In Wirklichkeit hat die moderne biblische Forschung gezeigt, daß unsere Evangelien nicht völlige Neuschöpfungen der Evangelisten sind, sondern daß in jedes der Evangelien die Arbeit vieler anderer Menschen miteingeflossen ist. Denn alle Evangelisten haben mündliche und schriftliche Traditionen verarbeitet, die es längst vor ihnen in der Kirche gab. Die Niederschrift eines Evangeliums ist nur die Schlußphase eines langen und vielfältigen geschichtlichen Entste-

hungsprozesses: (»Die Bibel – Gottes Wort in Menschenwort«, Katholisches Bibelwerk, Stuttgart, 1968, S. 7–9).
Die Wahrheitsliebe gebietet, auch den Textbefund nicht zu verschweigen. Pfarrer Martin Koestler schreibt: »Den Text des Neuen Testaments gibt es nicht. Es gibt nur Handschriften«, und zwar rund 5000 an der Zahl, die etwa eine Viertel Million verschiedener Lesarten und Textvarianten beinhalten. Die ältesten Handschriften des ganzen Neuen Testaments »sind gut dreihundert Jahre nach Christus abgeschrieben worden, nach Vorlagen, die uns verloren gegangen sind«.[7] Auf der Suche nach dem Grund für diese erstaunliche Vielfalt stößt man unwillkürlich auf den römischen Philosophen Celsus, der in seiner polemischen Streitschrift »Die wahre Lehre« anno 178 den christlichen Abschreibern vorwarf, daß sie »den Urtext der Evangelien drei- viermal und noch öfter nach ihrem Belieben umgearbeitet haben, damit sie das widerlegen können, was man ihnen vorwirft.« Origenes, der bedeutendste Kirchen-Theologe des 3. Jahrhunderts, sah sich genötigt, im Jahre 248 eine umfassende Widerlegungsschrift »Gegen Celsus« zu verfassen, in der er jedoch zugibt, daß die Abschriften der Evangelien in der Tat »mannigfaltig« voneinander abweichen, da »die Schreiber hinzufügten oder ausließen, wie es ihnen paßte.«[8]
Doch nun zurück zu Markus, Matthäus, Lukas und Johannes und ihren ursprünglichen Bekenntnisschriften, deren Originale, wie gesagt, seit langem verschollen sind.
Da diese Glaubenszeugnisse der Evangelien, wie bekannt, 40 bis 80 Jahre nach der Kreuzigung verfaßt wurden – mehr als eine Generation nach den Ereignissen, von denen sie erzählen, müssen wir also vorerst die *vier* Hauptfaktoren unter die Lupe nehmen, die den Zeitgeist jener »Verfassungsjahre« (70 bis 100) entscheidend geprägt haben:
1. Jerusalem lag zerstört; das Judenvolk war besiegt, zerstreut und als ewiger Rebell und Störenfried im ganzen Kaiserreich verpönt.
2. Es war gefährlich und polizeiwidrig, im Römischen Reich des

7. Stirbt Jesus am Christentum? Schaffhausen 1982, S. 35–38.
8. (In Celsum 419)

ausgehenden ersten Jahrhunderts, einen jüdischen Messias zu predigen, der den Kreuzestod eines Umstürzlers gestorben war, die »schändlichste« Hinrichtungsart, die nach römischem Recht nur bei Rebellen in den Provinzen und bei entlaufenen Sklaven Anwendung fand.

3. Das Judesein Jesu und seine römische Hinrichtung, dies waren die beiden Steine des Anstoßes für jedwede Verbreitung des neuen Glaubens; ein Doppelhindernis für den Erfolg der nun beginnenden Heidenmission.

Es war daher eine Lebensfrage für die Evangelisten, mit allen Mitteln der Stilistik und der Redaktionskunst die Verantwortung der Römer für den Tod ihres Heilands auf ein Minimum zu reduzieren, nur um die Schuld der Juden so schwer wie nur möglich erscheinen zu lassen. Nach der Verschärfung der neronischen Verfolgungen gegen die junge Kirche, nach dem Ausbruch der Kriegswirren in Judäa, denen, nach der blutigen Niederwerfung des jüdischen Aufstandes, auch die Mutterkirche in Jerusalem zum Opfer fiel, *mußte* das Bedürfnis, die staatlichen Behörden Roms zur Duldung der neuen Religion zu bewegen, alle Maßnahmen der Kirchenführer ausschlagend beeinflussen. Zentral in diesem Bemühen um die Gunst der Staatsmacht, deren Vertreter es ja gewesen war, der Jesus ans Kreuz schlagen ließ, war die Schilderung des Prozesses Jesu, den alle Evangelisten zum Anlaß nahmen – nein, zum Anlaß nehmen *mußten*, um mit Rom zu plädieren.

4. Was bei der heutigen Beurteilung der neutestamentlichen Passionsberichte nicht vergessen werden darf, ist etwas, was ich das Nero-Trauma der jungen Kirche zu nennen wage, nämlich die Einäscherung Roms im Jahre 64, vielleicht durch den verrückten Kaiser Nero selbst, aber sicherlich nicht ohne sein Mitwissen, der dann die Schuld dafür den Christen in die Schuhe schob. In der Folge wurden Tausende von Christen vor die Löwen geworfen, Abertausende als lebendige Fackeln verbrannt und weitere Tausende in brutalster Weise öffentlich hingerichtet, als Volksbelustigung für den Mob.

Kein Christ, der nach dieser Katastrophe schrieb – und alle vier Evangelien wurden kurz danach endgültig redigiert –, konnte dieses Trauma verdrängen, noch konnte er umhin, die eindeutige

Schlußfolgerung zu ziehen: nämlich alles Menschenmögliche zu tun, um jedweden Eindruck im Kein zu ersticken, die junge Kirche sei etwa anti-römisch gesinnt oder hege unloyale Absichten gegenüber dem Kaiserreich.

Solche Verdächte hätten nämlich zur sofortigen Beseitigung der Kirche geführt, wie es bei anderen Kulten in der Tat auch des öfteren geschah.

In diesem Sinne *mußten* dann auch die vier Evangelien umredigiert werden – so daß alle Römer im Neuen Testament auffallend jesusfreundlich und liebenswert erscheinen – insbesondere Pontius Pilatus, der natürlich unschuldig wie ein Lamm an Jesu Tod sein *mußte*; worauf »die Juden« – verpönt und allgemein als Störenfriede verrufen, wie sie es nach ihrer Niederlage im Jahre 70 ja waren – dann zum nationalen Sündenbock umfunktioniert werden konnten. Jemand *mußte* doch schuldig sein am Kreuzestode Jesu, denn Selbstmord hat er ja schließlich nicht begangen!

Erst im Licht dieses historischen Hintergrundes können wir verstehen, warum schon beim jüdischen Prozeß, der angeblich dem römischen Prozeß voranging, der nüchterne Leser auf Schritt und Tritt von Ungereimtheiten in der Darstellung befremdet wird – nicht in der Tendenz, denn die ist einheitlich.

So fällt auf Anhieb die scheinbare Übereinstimmung in allen vier Evangelien auf, mit der die Schuld der Juden impliziert und insinuiert wird – wobei ein einziges Schema beibehalten wird: Schon zu Beginn der Passionsgeschichte sind es die Behörden des damaligen Judentums, die »*danach trachteten, ihn umzubringen*« (Lk 22, 2); die »*sich berieten, um Jesus mit List festzunehmen und ihn zu töten*«, (Mt 26, 31); die »*miteinander beratschlagten, wie sie Jesus töten können*« (Joh 11, 47–53). Die Vorsicht, mit der man dabei zu Werke gehen will, weist zwar darauf hin, daß Jesus breite Sympathien im jüdischen Volk genoß, jedoch wird gerade diese Tatsache als die Motivation der jüdischen Obrigkeit dargestellt, das Onus seiner Hinrichtung auf den römischen Landpfleger abzuwälzen. Kurzum: »Die Juden« liefern ihn an Pontius Pilatus aus, um sich seiner endgültig zu entledigen.

Ein wahres Wettrennen ist im Gange, wer die Juden noch abscheulicher darstellen könnte, nur um die Römer um so schneeweißer zu malen.

Hie und da wird diese Schuldverschiebung jedoch allzu auffällig betrieben: Die Widersprüche mehren sich, die Unwahrscheinlichkeiten befremden den Historiker − und der aufmerksame Leser kann bald nicht umhin, den Ungereimtheiten mit äußerster Skepsis zu argwöhnen.

Es ist höchste Zeit, diesen Prozeß seiner emotionellen Hüllen zu entkleiden, um rational zu versuchen, festzustellen, wie es wirklich war.

Beginnen wir also mit dem sogenannten Prozeß Jesu vor dem Hohen Rat in Jerusalem, der mit seiner Gefangennahme in Gethsemani beginnt.

Die Gefangennahme

Die Evangelisten berichten, daß Jesus bei Nacht in Gethsemani auf dem Abhang des Ölberges verhaftet wurde. Sie sind sich darüber einig, daß die Initiative für die Nachstellungen von der jüdischen Obrigkeit in Jerusalem ausgeht, die jedoch aus ganz verschiedenen Gruppen bestanden haben soll: aus den Hohepriestern zusammen mit den Schriftgelehrten (Mk 14, 1; Lk 20, 19; 22, 2); aus den Schriftgelehrten und Ältesten (Mk 14, 43); aus den Ältesten (Mt 26, 3.47) und aus den Pharisäern (Joh 11, 57; 18, 3). Matthäus (26, 3) und Johannes (11, 47) sind die einzigen, die den Hohepriester Kaiphas damit in Verbindung bringen. Bis hierher gibt es keinen nennenswerten Unterschied in den Berichten der Evangelisten.

Das ändert sich jedoch beim Bericht über die Gefangennahme, wobei dies die einzige Episode der Passion Jesu ist, von der man annehmen könnte, daß alle Apostel davon Augenzeugen waren, zumindest vor ihrer Flucht. Nun gehen aber die Berichte der drei Synoptiker und die des Johannes über einen wichtigen Punkt auseinander: die Anzahl der Häscher, die mit der Festnahme betraut waren. *Wie groß ist ihre Anzahl*? Markus (14, 43) und Lukas (22, 47) sprechen von einem »*Haufen*«; Matthäus (26, 47) von »*einem großen Haufen*« oder »*einer Volksmenge*« mit »*Schwertern und Prügeln*« bewaffnet (Mk 14, 43; Mt 26, 47); man kann annehmen, daß es sich um die Tempelwache handelte, die dem Hohepriester zur Verfügung stand. Markus und Matthäus betonen ausdrücklich, daß dieser »Haufen« von »*den Hohepriestern, Schriftgelehrten und Ältesten*« ausgesandt wurde – was sich als ein Trio von Sadduzäern entpuppt hat, obwohl der Eindruck entsteht – und auch entstehen soll –, es handle sich um das ganze Synhedrion. Was die Anwesenheit der Hohepriester selbst und der Schriftgelehrten bei diesem nächtlichen Unternehmen anlangt, die nur Lukas (22, 52) erwähnt, ebenso wie die »*Hauptleute der Tempelwache*«, so scheint sie wenig wahrscheinlich.

Doch mit Johannes ändert sich das Bild: Da und nur da allein tritt neben der jüdischen Tempelpolizei eine römische Truppe in Erscheinung, »*die Kohorte*« (Speira), befehligt von einem Oberst (chiliarchos), der 600 bis 800 Mann unter sich hatte.

Daß eine römische Truppe unter dem Befehl eines höheren Offiziers an dem Gewaltstreich von Gethsemani teilgenommen hätte, müßte den Anwesenden auffallen und bleibt in ihrer Erinnerung haften. Es ist seltsam, daß Markus und Lukas diese eindrucksvolle Mitwirkung der Römer bei diesem Unternehmen vergessen haben – falls sie es nicht vorgezogen haben, es totzuschweigen.

Ganz vergessen wurden die römischen Soldaten jedoch nicht. Wenn Markus von einem »*Menschenhaufen*« spricht, der zum Teil mit Schwertern, zum Teil mit Knüppeln bewaffnet war, müssen die mit Schwertern Ausgestatteten wohl identisch mit der johannäischen Kohorte sein, da den jüdischen Amtsdienern das Tragen von Schwertern durch die Römer ausdrücklich untersagt war, nur Holzknüppel wurden ihnen zugestanden.

Markus erwähnt also die Anwesenheit des römischen Militärs namentlich nicht, läßt sie jedoch eindeutig durchschimmern.

Wenn man die Version des Johannesevangeliums ernst nimmt, das heißt, die Gegenwart der Kohorte in Gethsemani, so taucht die Frage auf, ob sich die römische Obrigkeit wirklich mit der bescheidenen Rolle einer Unterstützung des Judas und des Kaiaphas begnügt hätte. Die Exegeten, die an die historische Wahrheit einer römischen Intervention glauben, folgern daraus, daß die Gefangennahme Jesu das Faktum der Römer gewesen sei, daß also Pilatus auf eigene Initiative gehandelt habe, oder in Verbindung mit der jüdischen Obrigkeit. Wie dem auch sei, es lassen alle vier Evangelien durchblicken, daß Römer und Juden die Gefangennahme Jesu bewerkstelligten – wobei das damalige Machtverhältnis zwischen Juden und Römern es ziemlich klar macht, wer von den beiden die Hauptrolle zu spielen imstande war und wer lediglich als Handlanger diente. »Wenn die Römer an der Gefangennahme Jesu teilgenommen oder auch nur mitgewirkt haben, geht die Initiative gänzlich von ihnen aus«, wie Hans Conzelmann zugibt.

Ein anderer eigenartiger Unterschied betrifft die Haltung des Judas – der berüchtigte »*Judaskuß*«. Nach den Berichten der drei Synoptiker war er das vereinbarten Zeichen, mit dem der »*Verräter*« den ihm folgenden Häschern die Person des Meisters zeigen sollte (Mk 14, 44; Mt 26, 48; Lk 22, 48).

Dennoch ist Johannes der einzige Evangelist, der den Judaskuß nicht erwähnt, ja in seinem Bericht ist er absolut ausgeschlossen. Es ist sehr eigenartig, daß Johannes, der die früheren Evangelien kannte und sicherlich wußte, welchen Platz der Judaskuß darin einnahm, ihn bewußt aus seinem Bericht gestrichen hat.

Die Verhaftung findet, wie gesagt, zur Nachtzeit statt. Jesus verwahrt sich gegen seine Festnahme mit den Worten: »Ihr seid mit Schwertern und Knüppeln ausgezogen wie gegen einen *Bandenführer*, um mich festzunehmen. Ich war zur Tageszeit bei Euch am Tempelberg und lehrte, und Ihr habt mich nicht verhaftet.« (Mk 14, 48; Mt 26, 55). Das Wort des griechischen Originals »*lestes*«, das in den meisten Bibelübersetzungen mit dem Wort »*Räuber*« übersetzt wird, ist von der politischen Wirklichkeit weit entfernt. Es war nämlich die römische Methode des Rufmordes aller *Rebellen* gegen das Kaiserreich, deren Patriotismus vorerst verleumdet werden sollte, ehe man sie leibhaft umbrachte. Ähnliches geschah anno 1942 in Paris, als die Nazis alle Maquis als »Saboteure« und »Marodeure« verleumdeten, ehe man sie niederschießen ließ. Auch das Zeitwort »verhaften« stammt aus dem römischen Militärvokabular und bedeutet »inhaftieren« oder »gefangennehmen«.

Aus Jesu Einspruch erfahren wir aber, weshalb die Verhaftung erfolgte: Jesus wurde unter dem Verdacht verhaftet, ein *aufständischer Gegner* Roms zu sein, was eindeutig *nur* zur Kompetenz der römischen Truppen zählte. Freilich ergibt sich hieraus noch nicht der Schluß, daß der Verdacht zutraf.

Wir kommen nun zum sogenannten jüdischen Prozeß. Was wissen wir darüber? Keiner der Apostel und keiner der Evangelisten hatte die Möglichkeit, ihm beizuwohnen. Nach der Gefangennahme Jesu sind alle Jünger geflohen (Mk 14, 50; Mt 26, 56). Petrus folgte in der Ferne den Häschern, die Jesus abführten, und es gelang ihm, als einzigem von den Elf nach den Synoptikern (Mk 14, 54; Mt 26, 58; Lk 22, 54), in den Hof des priesterlichen Palastes zu gelangen. Nach Johannes jedoch (18, 15) kam er in Begleitung eines anderen Jüngers, der nur als »der andere« identifiziert wird. Es ist jedoch so gut wie irrelevant, ob sich im Hof des Hohepriesters ein oder zwei Jünger befanden. Denn nicht im Hofe wurde Jesus verhört und nicht in ihm hat sich das Synhedrion versammelt. Im äußersten Fall konnten Petrus (oder Petrus und »der andere«) Zeugen von Mißhandlungen seitens der Häscher gewesen sein, aber das Verhör mußte hinter geschlossenen Türen stattfinden. Über das Wesentlichste berichten die Evangelisten also nur vom Hörensagen.

Diese Berichte klaffen jedoch auseinander, und die historischen Ungewißheiten häufen sich jetzt in eigenartiger Weise. Bei jedem Schritt und Tritt werden wir von einem Unterschied in der Darstellung aufgehalten.

Erste Frage: Wohin führten die Häscher Jesus nach seiner Gefangennahme? *Antwort der Synoptiker:* Zum Hohepriester – zu dem natürlich, der sich derzeit im Amt befindet –, zu Kaiaphas (Mk 14, 53; Mt 26, 57; Lk 22, 54). Doch nur Matthäus nennt ihn namentlich.

Eigenartig ist die Unkenntnis des Namens bei Markus und noch eigenartiger bei Lukas, der Kaiaphas in Kapitel 3, 2 erwähnt. *Antwort des vierten Evangelisten*: Zuerst zum Schwiegervater des Kaiaphas, Hannas, dem früheren Hohepriester (Joh 18, 13). Im Palasthof des Hannas verleugnet Petrus auch Jesus zum ersten Mal (Joh 18, 17), dann wird Jesus gebunden und zu Kaiaphas geführt (Joh 18, 24), wohin ihm Petrus folgt – nur um ihn wiederum zweimal zu verleugnen (Joh 18, 25–27).

Zweite Frage: Vor wen wurde Jesus geführt? – Nach Markus und Matthäus wurde Jesus zweimal vor das Synhedrion geführt. Ein erstes Mal in der Nacht unmittelbar nach seiner Gefangennahme vor Kaiaphas, bei dem sich »*Hohepriester, Älteste und Schriftgelehrte*« (Mk 14, 53; Mt 26, 5) versammelt hatten. Die beiden Evangelisten sagen ausdrücklich »*der ganze Hohe Rat*« (Mk 14, 55; Mt 26, 59).

Diese nächtliche Versammlung konnte keinen offiziellen Charakter haben, denn die durch den Hohen Rat gesetzte Bestimmung gestattete keine nächtlichen Gerichtssitzungen, bei denen Todesurteile gefällt werden könnten.

Die zweite Versammlung des Hohen Rates fand am frühen Morgen statt (Mk 15, 1; Mt 12, 1), bei der sich »*die Hohe-Priester mit den Ältesten und Schriftgelehrten*«, das heißt »*der ganze Hoherat*« versammelten, so sagte Markus − »»*die Hohepriester und die Ältesten*«, so sagt es Matthäus.

Antwort des Lukas: Es gab nur *eine* Versammlung des Synhedrions am frühen Morgen, »*als es Tag geworden war*« (Lk 22, 66).

Antwort des Johannes: Von einer Versammlung des Synhedrions am Tage oder in der Nacht ist mit keinem Wort die Rede! Ein kurzes, resultatloses Verhör, das Hannas mit Jesus anstellt, der ihn dann zu Kaiaphas schickt, wobei ihn dieser wiederum vor Pilatus bringt − das ist alles, was wir zu hören bekommen.

Von einem Erscheinen Jesu vor dem Synhedrion weiß Johannes nichts, sagt er nichts oder erinnert sich auch nicht im geringsten daran. Immerhin ist das eine Tatsache, die man hervorheben sollte: Im Johannesevangelium gibt es keinen jüdischen Prozeß Jesu, obwohl solch ein Prozeß vortrefflich mit der Tendenz seines radikalen Antijudaismus harmonisiert hätte.

Dritte Frage: Wie ist der Prozeß verlaufen? Bei Johannes, der in seinem Evangelium keine Spur eines jüdischen Prozesses erwähnt, beschränkt sich Jesus in seiner Antwort auf die Frage des Hohepriesters »nach seinen Jüngern und seiner Lehre« darauf, zu sagen, was er, nach den Synoptikern, denen gesagt hat, die ihn gefangengenommen hatten: »Ich habe offen zur Welt geredet; ich habe allerorten gelehrt, in Synagogen und im Tempel, wohin alle Juden kommen; nichts habe ich im Verborgenen geredet. Was fragst Du mich? Frage jene, die gehört haben, was ich ihnen gesagt habe. Die wissen es ja, was ich geredet habe« (Joh 18, 20−21).

Eine klare Aussage, die den Tatsachen entspricht, Jesu Unschuld unter Beweis stellt und keinerlei Bestrafung verursachen kann. Nach Markus und Matthäus findet das Verhör Jesu in der ersten Sitzung in der Nacht statt; nach Lukas jedoch in der einzigen Sitzung früh am Morgen. Nur Markus und Matthäus erwähnen die belastenden Zeugenaussagen: Jesus wurde vor allem deshalb angeklagt, weil er gesagt habe: »Ich werde diesen Tempel niederreißen.« (Mk 14, 58) – »Ich kann den Tempel Gottes niederreißen.« (Mt 26, 61) – ein deutlicher Unterschied!

Markus, doch nicht Matthäus, fügt dem hinzu, daß »auch so, was sie, die Zeugen, sagten, nicht zusammenstimmte« (Mk 14, 56). Mehr noch: »Und einige standen auf und bezeugten Falsches gegen ihn«, heißt es gleich danach (Mk 14, 57), was fast ein wörtliches Zitat aus Ps 27, 12 ist, wo es von König David heißt: »Denn es stehen falsche Zeugen gegen mich auf und tun mir Unrecht ohne Scheu.« Woraus besteht aber ihr »falsches Zeugnis«? Der nächste Satz erläutert es: »Daß wir ihn (Jesus) gehört haben, als er sagte: Ich werde diesen Tempel, der mit Händen gemacht ist, niederreißen, und in drei Tagen einen anderen bauen, der nicht mit Händen gemacht ist« (Mk 14, 58). Matthäus 26, 61 schwächt dies ab zu »Ich kann den Tempel Gottes zerstören und in drei Tagen erbauen«. Lukas verwendet das Drohwort erst in Apg 6, 14, wo ebenso »falsche Zeugen« den Stephanus bezichtigen, er habe gesagt, Jesus werde »diese Stätte zerstören und die Sitten ändern, die uns Mose gegeben hat«. Im Johannesevangelium endlich finden wir eine vierte Version bei der Tempelreinigung, wo Jesus jedoch »die Juden« als Tempelzerstörer anspricht: »Brechet diesen Tempel ab, und in drei Tagen werde ich ihn aufrichten.« (Joh 2, 19) – eine Aussage, die Johannes sich beeilt, zu einer politisch ungefährlichen Voraussage der Auferstehung zu allegorisieren: »Er aber redete von dem Tempel seines Leibes« (Joh 2, 21).

Ob sich hinter diesem Fächer von phantasievollen Nachdichtungen ein historischer Kern verbirgt oder ob dieses Tempeldrohwort in der Tat ein »falsches Zeugnis ist, wie Markus und Lukas betonen, ist heute nicht mehr festzustellen. Eine dritte Möglichkeit, die auf dem Grundschema der Evangelisten ›Verheißung der Propheten – Erfüllung in Jesu‹ beruht, ist auch nicht von der

Hand zu weisen. Da Matthäus von der Warte der soeben erlebten zweiten Tempelzerstörung im Jahre 70/71 schrieb, lag ihm wohl nichts näher, als Jesu Prozeß mit Jeremias Tempelrede (Jer 26) kurz vor der ersten Tempelzerstörung zu parallelisieren. Ganze Wortgruppen und Gedankensplitter scheinen in der Tat aus Jeremia entliehen zu sein. So z. B. droht auch Jeremia mit der bevorstehenden Zerstörung Jerusalems (Jer 26, 4—6) worauf ihn »*die Priester und Propheten ergriffen*« (Jer 26, 8) und »*das ganze Volk*« sagte: »*Du mußt sterben!*« (Jer 26, 9) Gleich danach sprachen »*die Priester und Propheten vor den Oberen und allem Volk: »Dieser Mann ist des Todes schuldig!*« (Jer 26, 11), worauf Jeremia warnt: »*Wenn Ihr mich tötet, so werdet Ihr unschuldiges Blut auf Euch laden, auf diese Stadt und ihre Einwohner*« (Jer 25, 15). Schließlich ertönt die Prophezeiung: »*Jerusalem wird zu Steinhaufen werden und der Tempelberg zu einer Höhe von wildem Gestrüpp.*« (Jer 26, 18) Kurzum: Die historischen Umstände, das Szenario und die Schlüsselaussagen weisen auffallende Ähnlichkeiten auf, die wie Vorlage und Nachbildung anmuten.

Wie dem auch sei, sowohl Markus als auch Matthäus weisen darauf hin, daß Jesus auf die Anschuldigungen nur mit einem verachtungsvollen Schweigen antwortete: »Er aber schwieg und gab keine Antwort« (Mk 14, 60—61; Mt 26, 62—63).

Man wundert sich, daß das Gericht, das mitten in der Nacht zusammentreten und Zeugen herbeischaffen konnte, nicht auf den naheliegenden Gedanken gekommen ist, sich auf die Zeugenaussage Judas zu berufen, der doch sicherlich der geeignetste und der am besten informierte Zeuge gegen Jesus gewesen wäre. Das Verhör tritt in die entscheidende Phase, als der Hohepriester (nach Markus und Matthäus) bzw. das Synhedrion (nach Lukas) Jesus die Kardinalfrage stellt:

»*Und wieder fragte ihn der Hohepriester: Bist Du der Christus, der Sohn des Hochgelobten?*« (Mk 14, 60)

»*Da sprach der Hohepriester zu ihm: Ich beschwöre Dich bei Dem Lebendigen Gott. Sag uns: Bist du der Christus, der Sohn Gottes?*« (Mt 26, 63)

»*Sie ließen ihn in ihren Sitzungssaal bringen und sprachen: Wenn Du der Christus bist, alsdann sage es uns!*« (Lk 22, 66—67) (Erst nach der Antwort Jesu kommt bei Lukas die zweite Frage:) »*Also bist Du der Sohn Gottes?*« (Lk 21, 70)

Eine schroffe Frage, die nur dann verständlich wird, wenn man sie wie Lukas zerlegt: »*Wenn Du der Christus bist, alsdann sage es uns!*« Und dann: »*Wenn Du der Sohn Gottes bist, alsdann sage es uns!*« Denn es wäre erstaunlich, daß der Hohepriester gedacht hätte, jeder, der sich *Messias* benennt, nenne sich auch *Sohn Gottes* – als ob jeder mit dieser Auffassung des Messias damals einverstanden gewesen wäre. Es wäre noch viel erstaunlicher, wenn der Hohepriester den Ausdruck »*Sohn Gottes*« verwendet hätte, ohne zu präzisieren, daß er ihn nicht im jüdischen, das heißt im bildlichen Sinne, sondern im »christlichen« Sinne verstanden hat – der erst ein halbes Jahr später zur Welt kam – und zwar nur auf Griechisch. »Es muß daher für ausgeschlossen gehalten werden«, wie Landesbischof E. Lohse schreibt, »daß der amtierende Hohepriester von Jerusalem einen Messiasanwärter gefragt haben sollte, ob er der Christus, der Sohn des Hochgelobten Gottes sei.«[9] Zur Doppelfrage »*Bist Du der Christus, der Sohn Gottes?*« kann der jüdische Theologe nur feststellen, daß die beiden Titel im damaligen Judentum so gut wie nichts miteinander zu tun hatten; daß die Gottessohnschaft in der Muttersprache Jesu nicht viel mehr bedeutete als ein Kompliment für einen frommen, gottergebenen Juden; daß keiner der beiden Titel als Selbstbezeichnungen als sträflich gelten konnte, und schon gar nicht, daß ihnen nach jüdischer Rechtspraxis auch nur der leiseste Verdacht der Gotteslästerung anhaftete. Es gab nicht weniger als neunzehn Messias-Anwärter im Laufe der jüdischen Geschichte, von denen kein einziger von einer jüdischen Behörde wegen dieses Anspruchs belangt worden ist.

Was war die Antwort Jesu auf diese Kardinalfrage?

Nach Markus (14, 62): »*Ich bin es, und ihr werdet den Menschensohn zur Rechten des Allmächtigen Vaters sitzen und auf den Wolken des Himmels kommen sehen.*«

Nach Matthäus (26, 64): »*Du hast es gesagt, doch ich sage euch: Von jetzt an werdet ihr den Menschensohn zur Rechten des*

9. Der Prozeß Jesu Christi, Göttingen 1973, zit. n.: Ders., Die Einheit des Neuen Testaments, S. 100.

Allmächtigen sitzen und auf den Wolken des Himmels kommen sehen.«

Nach Lukas (22, 67–68): »*Wenn ich es Euch sagen würde, würdet Ihr dennoch nicht glauben; wenn ich Euch fragen würde, so würdet Ihr mir keine Antwort geben und mich nicht freilassen. Von nun an wird der Menschensohn zur Rechten des Allmächtigen Gottes sitzen.*« (Auf die zweite Frage: »*Also bist Du der Sohn Gottes?*«) sprach er zu ihnen: »*Ihr sagt, daß ich es bin*« (Lk 22, 70). Erstaunlich ist auch hier, daß Jesus gefragt wird, ob er der Sohn Gottes sei, er aber mit »*Menschensohn*« antwortete, und das noch dazu in der dritten Person und in der Zukunftsform obendrein – was keineswegs eine Selbstaussage bedeuten muß.

Das Fazit: Bei Markus ist die Antwort Jesu eindeutig bejahend. Bei Lukas ist sie ausweichend. Bei Matthäus ist sie zweideutig, denn »*Du hast es gesagt*« (wobei man darunter stillschweigend versteht: *Ich bin es)* – als auch im Sinne einer ausweichenden Antwort verstanden werden: »*Du hast es gesagt (und nicht ich).*« Ebenso muß man bei Lukas (22, 70) verstehen: »*Ihr sagt es, daß ich es bin (und nicht ich sage es)*«. Es ist völlig unmöglich, aus diesen drei verschiedenen Versionen der Antwort die richtige herauszufinden. Noch kann rein textuell spekuliert werden, welche der drei Wortlaute auf aramäisch oder hebräisch ursprünglicher tönt. Wir bleiben hier vor einem Rätsel.

Sicher bleibt eines: Nach keinem der vier Evangelien hat Jesus je Gotteslästerung begangen – im Sinne von Exodus 20, 7; Dt 5, 11 oder Lev 24, 16. Denn Lästerung bedeutet das Aussprechen des heiligsten Gottesnamens (Tetragramm), was Jesus niemals getan hat (Sanhedrin VII, 4–5).

Jesu typisch jüdische »Namensscheu«, wie sie zum Beispiel in den traditionellen Umschreibungen Gottes im »Vater-Unser«, »Der Hochgelobte«, »Geheiligt werde Dein Name«, etc. zum Ausdruck kommen, macht es völlig sicher, daß er niemals Lästerung begangen hat. Hierzu gesellt sich die Tatsache, daß die Selbstbezeichnung als »*Messias*« oder als »*Sohn Gottes*« keine Lästerung beinhaltet, da ja »*Gottessohn*« auf hebräisch ein gebräuchliches alttestamentliches Synonym für »frommer Jude« darstellt, wie zum Beispiel in Deut 14, 1; Hosea 11, 1; Jer 31,

9 etc. Auch Jesus selbst bedient sich dieses Ausdrucks in der Bergpredigt (Mt 5, 9), um andere zu bezeichnen.

Paulus spricht ebenso in Röm 8, 14 von denjenigen, »*die sich vom Geiste Gottes leiten lassen*«, als »*Söhne Gottes*«. Es bleibt also völlig unverständlich, warum die ersten zwei Evangelien schreiben:

»Da zerriß der Hohepriester seine Kleider und rief: Was brauchen wir noch Zeugen? Ihr habt die Lästerung gehört! Was dünkt Euch?« (Mk 14, 63; Mt 26, 65).

Vierte Frage: Wurde Jesus durch die jüdische Obrigkeit zum Tode verurteilt?

Bejahende Antwort bei Markus (14, 64) »*Und alle sprachen ihn des Todes schuldig*«. Nicht bei Matthäus (26, 66), denn »*Er ist des Todes schuldig*« ist eine Äußerung, aber kein rechtskräftiges Urteil. Die beiden Evangelisten verlegen diese »Verurteilung« in die Nachtsitzung, wobei uns aber bekannt ist, daß eine Verurteilung zum Tode in einer nächtlichen Sitzung unter keinen Umständen erlaubt war.

Schweigen, absolutes Schweigen bei Lukas und Johannes. Weder der eine noch der andere sprechen mit einem einzigen Wort von einer Verurteilung zum Tode seitens der Juden.

Die beiden berichten zwar von einem Vorverhör, das lediglich Untersuchungscharakter trägt, wissen aber nichts von einem jüdischen Prozeß. Diese Tatsache findet auch ihren Niederschlag in der dritten Leidensankündigung Jesu, beim Aufstieg nach Jerusalem, wo von einer Beteiligung des Synhedrions am Prozeß Jesu keine Rede ist, wohl aber der Römerprozeß in Einzelheiten hervorgehoben wird: »Siehe, wir ziehen hinauf nach Jerusalem, und es wird alles vollendet werden, was durch die Propheten über den Menschensohn geschrieben ist. Denn er wird den Heiden übergeben werden und wird verspottet und mißhandelt und angespien werden. Und sie werden ihn geißeln und töten, aber am dritten Tage wird er auferstehen« (Lk 18, 31–33).

Zur Erhellung dieser Ungereimtheit folge ich nun den Ausführungen von Günther Bornkamm, einem der evangelischen Experten in Sachen der Passionsgeschichte: Die Markushandschrift, die Lukas benutzt hat, enthielt wahrscheinlich die Verurteilung Jesu durch das Synhedrion noch nicht. Sie ist demnach bei Markus erst später eingeschoben worden. Das geht auch daraus hervor, daß in der Folge bei allen vier Evangelien diese Verurteilung nirgendwo vorausgesetzt wird; nirgendwo wird sie mehr erwähnt oder auch nur auf sie angespielt. Das wäre unbegreiflich, wenn das »jüdische« Todesurteil ein historisches Faktum wäre und wenn es von Anfang an im Zusammenhang mit der Passion gestanden hätte.

Selbst wenn ein Verhör vor dem Synhedrion stattgefunden hätte, so ist doch die Szene Mk 14, 55−65 »durch und durch erdichtet«. Sie widerspricht in Einzelheiten all dem, »was wir einigermaßen zuverlässig über die jüdische Prozeßordnung wissen.«[10] Doch ehe wir uns zum Richtstuhl des Pilatus begeben, wollen wir eine geraffte Rückschau halten auf das Bild, das sich aus den beiden jüdischen Prozeßberichten des Markus und Matthäus ergibt.

Es gibt in diesem Prozeß nur Zeugen *gegen* den Angeklagten, *nur* Ankläger und Richter und *nur* Schuldige; Verteidiger und Entlastungszeugen treten nicht auf. Niemand schritt bei der Verhaftung ein und fragte: Warum nehmt Ihr diesen Mann denn gefangen? Niemand im Hohen Rat stand während der Gerichtsverhandlung auf und sagte: Ich bin gegen das Todesurteil. Nicht einer hat gerufen: Gib uns den Jesus frei! Nicht einer erklärte öffentlich: Und trotz allem halte ich diesen Jesus für einen Messias. Und niemand hat gesagt: Was Ihr tut, ist Unrecht, und Unrecht soll man nicht tun. Kurzum, wir haben es mit einer nicht sehr überzeugenden, völlig einseitigen Karikatur eines Prozesses zu tun, die Lukas und Johannes sich weigern, auch nur teilweise in ihre Evangelien zu übernehmen.

Fundamentale Zweifel

Wenn wir den Textbefund zusammenfassen, können wir sagen: Markus und Matthäus widersprechen nicht nur einander über ein halbes Dutzendmal, sondern auch der damals gültigen Rechtspraxis des Hohen Rates in einer beträchtlichen Anzahl von wesentlichen Einzelheiten. Um nur die wichtigsten zu nennen:

10. Günther Bornkamm, Jesus von Nazareth, 1957, S. 150f.

1. Kapitalprozesse dürfen nur am hellichten Tage verhandelt werden (Sanh IV, 1); das Synhedrion aber trat angeblich in der Nacht zusammen, um Jesus zu verurteilen.

2. Am Sabbath, an Feiertagen und am Vorabend aller Feiertage dürfen keine Gerichtsverhandlungen stattfinden (Beza V, 2). Nach den Synoptikern aber wurde der Prozeß Jesu angeblich am Abend des Pessachfestes durchgeführt, was eine grobe Verletzung der Festruhe mit sich gebracht hätte.

3. Ein Todesurteil darf niemals am Tag der Verhandlung selbst, sondern erst am folgenden Tage gefällt werden, um den Richtern die Gelegenheit zu geben, die Sache zu überschlafen (Sanh IV, 1). Das Synhedrion aber verurteilte Jesus angeblich sofort zu Tode.

4. Als Gotteslästerung, die mit dem Tode zu bestrafen ist (Sanh VII, 5), gilt nur das Aussprechen des heiligsten Gottes-Namens (Tetragramm), was Jesus niemals getan hat. Die Anmaßung der Messiaswürde oder der Gottessohnschaft (im hebräischen Sinn) bedeutet nach jüdischem Recht keine Gotteslästerung (Sanh VII, 4—5).

5. Aus dem Bericht der beiden Evangelien entsteht der Eindruck, daß der Prozeß im Hause des Hohepriesters stattgefunden habe. Rechtsgültige Prozesse mußten aber im regulären Versammlungsraum des Synhedrions in der Quaderhalle des Tempels stattfinden (Sanh XI, 2).

6. Das Schweigen des Angeklagten galt zwar nach römischem Recht als Geständnis, nicht aber nach jüdischem Recht. Mehr noch: Kein Mensch durfte gemäß der Synhedrionpraxis aufgrund seines eigenen Geständnisses für schuldig befunden werden. Die Worte des Hohepriesters »Ihr habt es selbst aus seinem Munde gehört« (Mt 25, 65) haben also keinerlei Rechtskraft.

7. Bei Kapitalprozessen beginnt jede Verhandlung mit der Entlastung und Verteidigung des Angeklagten, worauf die Belastungszeugen das Wort erhalten (Sanh IV, 1). Im Prozeß der Evangelien aber erscheinen lediglich Belastungszeugen ohne jedwede Verteidigung eines Richters, was das gesamte Verfahren rechtswidrig gemacht hätte.

8. Bei der Urteilsfällung muß nach jüdischem Recht zuerst der jüngste Richter das Wort ergreifen, um nicht von seinen älteren

Kollegen beeinflußt zu werden, und erst am Schluß, nach den älteren Richtern, kommt der Ratsvorsitzende zu Wort (Sanh IV, 1). In den beiden Evangelien spricht aber »der Hohepriester« zuerst, worauf alle anderen das Wort ergreifen.

9. Eine Verurteilung verlangt nach jüdischem Recht die Aussagen von wenigstens zwei ehrlichen und unabhängigen Zeugen, die getrennt voneinander verhört werden: »Man prüfe die Zeugen durch eine siebenfache Ausforschung (...) widersprechen sie einander, so ist ihr Zeugnis ungültig (...) Falschzeugen werden unverzüglich und streng bestraft« (Sanh V, 1). In den Evangelien ist aber von »zwei Falschzeugen« die Rede, die gemeinsam verhört werden, wobei der Eindruck entsteht, als hätte der Hohe Rat ihr Zeugnis akzeptiert.

10. »Sie aber verurteilten ihn alle zum Tode« (Mk 14, 64). Diese Aussage widerspricht sowohl der jüdischen Praxis, dergemäß einer der Richter als Anwalt des Angeklagten (ohne Stimmrecht gegen ihn) auftreten mußte (Sanh IV, 1) als auch der in den Evangelien dokumentierten Freundschaft mit Jesus der Ratsmitglieder Nikodemus (Joh 3, 1–2), Joseph von Arimatea (Lk 23, 50 ff.) und Gamaliel (Apg 5, 34–39), die sicherlich für Jesus Einspruch erhoben hätten. Einstimmige Urteile waren schon vom Prozeßrecht her ausgeschlossen.

11. »Der Hohepriester aber zerriß seine Gewänder« (Mt 26, 65). Dies ist den Priestern nach Torah-Recht ausdrücklich verboten (Lev 10, 6 f.).

12. Aus Furcht, das zweite Gebot zu verletzen, wurden weder Zeugen noch Richter je vereidigt. Die Worte »Ich beschwöre Dich bei Gott« (Mt 26, 63), die dem Hohepriester in den Mund gelegt werden, hätte weder ein Synhedrion geduldet noch je ein Hohepriester über die Lippen gebracht. Hinzuzufügen ist hier nur noch, daß es angesichts der vielen Vorsichtsmaßnahmen des Hohen Rates, die vor einem Justizirrtum schützen sollen, die alte Überlieferung konstatieren kann: »Ein Gerichtshof, der einmal in siebzig Jahren ein Todesurteil gefällt hat, wird ein mörderisches Gericht benannt« (Makkot I, 10).

Zusammenfassend darf festgestellt werden: Falls das Synhedrion einen solchen Prozeß je veranstaltet hätte, wie Markus oder Matthäus ihn schildern, wäre es ein beispielloser Rekord an

Illegalitäten gewesen. In einer Sitzung wäre es nämlich den Weisesten im alten Israel gelungen, die meisten ihrer eigenen Satzungen zu verletzen oder zu umgehen. Wer nur die oberflächlichste Ahnung von der Pedanterie der rabbinischen Rechtspraxis hat — insbesondere in Kapitalfällen, wo alles zugunsten des Angeklagten Anwendung finden mußte — kann nicht verlangen, daß ein Historiker diesen Prozeßberichten Glauben schenkt. Mehr noch! Genau wie der Römerprozeß vor Pontius Pilatus in seinem Grundriß der uns bekannten Gerichtsbarkeit der Römer *entspricht* — genauso *widerspricht* der sogenannte Synhedrionsprozeß in beiden Evangelienbeschreibungen dem Tatbestand der damaligen jüdischen Rechtspraxis.

Auf den Einwand einiger Theologen, daß in der Zeit vor 70 n. Chr. noch nicht die pharisäisch-rabbinische Halacha, die später in der Mischnah kodifiziert wurde, für das Synhedrion maßgebend gewesen wäre, sondern die ältere Rechtsauffassung der Sadduzäer, antwortet Landesbischof E. Lohse: »Einmal wissen wir nur sehr wenig darüber, wie das sadduzäische Recht im einzelnen tatsächlich ausgesehen hat. Und zum anderen ist es sicher nach sadduzäischem Recht streng untersagt gewesen, am Sabbath oder Festtag Gericht zu halten (...) die Pharisäer vertraten durchweg eine mildere Auslegung der Gesetzesvorschriften.[11] Wir dürfen also annehmen, daß die Prozeßschilderungen in den Evangelien beiden Rechtsauffassungen, sowohl der Sadduzäer als auch der Pharisäer, grundsätzlich widersprechen.

Wichtig ist auch zu betonen, daß in der Kette von Ereignissen, die am Kreuz endet, der Römerprozeß unverzichtbar und zentral in seiner Bedeutung hervorragt. Mit anderen Worten: Ohne Pilatus hätte es überhaupt keine Kreuzigung gegeben. Das Synhedrionverfahren hingegen ist in der Kausalverkettung der Ereignisse, die zur Passion führen, durchaus verzichtbar. Es wäre, um das Kind beim Namen zu nennen, auch ohne ihn gegangen. Hier kann es also nur eine Schlußfolgerung geben:

Die widersprüchlichen Berichte im Neuen Testament vom jüdischen Prozeß gegen Jesus sind so eindeutig tendenziös und unwahrscheinlich, daß die Mehrheit der Theologen heute dazu

11. Der Prozeß Jesu, a. a. O., S. 97 f.

neigt anzunehmen, daß ein solcher Prozeß vor dem Hohen Rat niemals stattgefunden hat. In den Worten von Hans Conzelmann:

»Der Umfang dessen, was wir als sicheren Tatbestand feststellen können, ist minimal. Das sichere Kern-Faktum ist, daß Jesus gekreuzigt wurde. Daraus kann geschlossen werden, daß man ihn verhaftete und daß ein Gerichtsverfahren erfolgte, und zwar ein römisches. Denn die Kreuzigung ist eine römische, nicht eine jüdische Todesstrafe. Alles übrige im Ablauf der Ereignisse ist strittig.«[12] Mit den Worten des Arbeitsbuches »Christen und Juden«, das im Jahre 1979 unter der Obhut des Rates der »Evangelischen Kirche in Deutschland« veröffentlicht wurde: »Wir können über eine Beteiligung von Juden am Prozeß Jesu historisch zuverlässig nichts aussagen; ihre Beteiligung an der Hinrichtung ist ausgeschlossen.«[13] Von katholischer Seite kommt die amtliche Bestätigung: »Es muß auch festgestellt werden, daß die Pharisäer in den Passionsberichten nicht erwähnt werden« und »daß die sündigen Christen mehr schuld am Tode Christi haben als *die paar Juden*, die dabei waren.«[14] Bestärkt wird diese Feststellung durch die Tatsache, daß alle vier Evangelien hier nur in einem einzigen Punkt übereinstimmen − nämlich: der Auslieferung Jesu durch Vertreter der jüdischen Obrigkeit an die römische Gerichtsbarkeit. Wir wenden uns nun der entscheidenden Phase im Prozeß gegen den Nazarener zu.

12. Historie und Theologie in den Synoptischen Passionsberichten, in: Zur Bedeutung des Todes Jesu, Gütersloh 1968, S. 37 f.
13. Arbeitsbuch Christen und Juden. Zur Studie des Rates der Evangelischen Kirche in Deutschland. Im Auftrag der Studienkommission Kirche und Judentum, herausgegeben von Rolf Rendtorff. Mit einem Vorwort des Vorsitzenden des Rates der Evangelischen Kirche in Deutschland. Gütersloh ³1986, S. 122.
14. »Hinweise für eine richtige Darstellung von Juden und Judentum in der Predigt und in der Katechese der Katholischen Kirche«, veröffentlicht von der Vatikanischen Kommission für die religiösen Beziehungen zum Judentum, Rom, Mai 1985, § 19 und § 22.

Von Pontius zu Sankt Pilatus

Die historische Gestalt des Pilatus

»Das Neue Testament ist an sich nicht antisemitisch«, so behauptet Pater Clemens Thoma, der katholische Theologe, und fährt fort: »Es erhält aber heute nachträglich einen antisemitischen Beigeschmack, wenn man es verkündet, ohne im Geiste in das Zeitalter Jesu und in das Land der Juden zurückzusteigen.«[15] Dieses Zurücksteigen, das alle historisch relevanten Umstände berücksichtigt, erhellt vor allem, daß Judäa seit dem Jahre 6 n. Chr. ein von den Römern besetztes Land war, die ihre Provinzen ganz offen zur wirtschaftlichen Ausbeutung mißbrauchten. Die Steuererhebung, sei es mittels Militärgewalt oder durch das berüchtigte System der Steuerverpachtung an private »Zöllner«, gehörte also zu den Hauptaufgaben der »Prokuratoren«, wie die römischen Statthalter damals hießen, – was eigentlich dem Amt des »Hauptsteuereintreibers« entspricht. Kein Wunder, daß die Brutalität dieser »Zöllner«, die volle römische Unterstützung genossen, zu wiederholten Aufständen im Volke führen mußte, so daß ein Teufelskreis von römischer Habgier, jüdischer Auflehnung und römischen Massenkreuzigungen als Repressalien, die wiederum die militante Reaktion der Eiferer (Zeloten) hervorriefen, den Zeitgeist und das politische Klima jener stürmischen Jahrzehnte unvermeidlich prägen mußten.

Typisch für den Aufgabenbereich dieser Statthalter zur Zeit Jesu ist der Spruch des Kaisers Tiberius, der seine Landpfleger mit Stechfliegen zu vergleichen pflegte, die den Provinzen das Blut aussaugten, »bis sie davon voll waren und nicht mehr saugen konnten«. Es wäre daher besser, so folgerte der Kaiser, die alten Stechfliegen im Amt zu belassen, anstatt sie mit neuen, hungrigen Blutsaugern zu ersetzen – eine Politik, der Pilatus, wie

15. Kirche aus Juden und Heiden, Freiburg, 1970, S. 40.

etliche Historiker meinen, seine zehnjährige Statthalterschaft in Jerusalem zu verdanken hatte.

Im Jahre 1961 entdeckte man in der Nähe des römischen Amphittheaters von Caesaraea eine steinerne Inschrift, die Auskunft gibt über den genauen Status, den Pilatus in Judäa einnahm. Damit besitzen wir einen unbestreitbaren Tatbestand aus jener Zeit: die Errichtung eines Gebäudes zu Ehren des Kaisers Tiberius durch − und dies ist von besonderem Interesse − »den Praefekten von Judaea«. Damit ist nachgewiesen, daß Pilatus den etwas niedrigeren Titel von Praefectus trug, der aber auch administrative und militärische Aufgaben hatte, so daß das Neue Testament ihn zu Recht »Hegemon« benennt, also obersten Beamten und Befehlshaber. Erst seinen Nachfolgern zur Zeit des Kaisers Claudius wurde später der Titel »epitropos« oder »procurator« verliehen − was uns nicht weiter zu beschäftigen braucht.

Pontius Pilatus wurde zwar in aller Welt bekannt, aber zu seiner Zeit wußte man nur sehr wenig über ihn − so wenig, daß wir nicht einmal seinen ersten Namen kennen.

Jeder Römer hatte nämlich drei Namen; bei Pilatus sind nur die letzten zwei bekannt. In der ältesten Quelle wird Pilatus von Tacitus flüchtig als einer der römischen »Prokuratoren« genannt, in dessen Zeit ein gewisser Jesus wirkte. Zunächst zu den Personalien des Pontius Pilatus. Wer war er? Er entstammte dem römischen Rittertum, er war ein *eques*, das heißt ein Beamter auf verhältnismäßig niedriger Stufe. In Rom gab es zwei Klassen von Beamten: die Senatorenklasse, welche die Statthalter für die größeren Provinzen und die Befehlshaber der Legionen stellte; daneben gab es die Ritterklasse, eine niedrigere Stufe, von der aus man bestenfalls zum Kommandeur der kaiserlich-prätorianischen Wache aufsteigen konnte − immerhin eine Stellung von nicht unwesentlicher Bedeutung.

Es ist klar, daß Pilatus bei seiner Ernennung zum »Praefectus« von Judäa bereits eine militärische Karriere hinter sich hatte, nämlich die drei Befehlsstufen, die für Ritter obligatorisch waren: in der Regel zunächst als unterer Offizier in einer Legion, dann als Kommandeur eines Hilfsregiments; im Anschluß daran wurde ihm, wie es scheint, die Leitung der Geschäfte und Angelegenheiten in Judäa übertragen, einer der in römischen Augen

– jedenfalls bis zur großen Revolte (66–70) – unbedeutendsten Provinzen. Später verschwindet er aus dem Blickfeld, was die Überzeugung bestärkt, daß er kein besonders bedeutender Mann gewesen war.

Da die junge Heidenkirche Gunst in den Augen der römischen Staatsmacht finden mußte, um ihr Überleben nicht zu gefährden, mußte der Vertreter Roms – insbesondere in den Passionsberichten – als sympathisches Unschuldslamm geschildert werden, was politisch verständlich, aber historisch äußerst verdächtig erscheinen muß. So fällt auf erste Sicht die scheinbare Übereinstimmung in allen vier Evangelien auf, mit der Schuld der Juden impliziert oder insinuiert wird – wobei ein einziges Schema beibehalten wird: Pilatus, ein gutmütiger, wohlwollender Statthalter, ist bereit und willig, Jesus freizugeben. Die Juden hingegen, in ihrer blinden Wut, ziehen den Verbrecher Barabbas vor. Schließlich muß Pilatus ihrem Druck, ihren Drohungen und ihrem Geschrei nachgeben. Barabbas wird letztlich freigelassen, Jesus aber gekreuzigt.

Da wir in den Evangelien leider nur über wenige Anhaltspunkte verfügen, die einer historischen Überprüfung standhalten können, wollen wir den römischen Statthalter – hier als Schlüsselperson im Prozeß Jesu und in seiner Kreuzigung – zum Prüfstein der Authentizität der Passionsberichte machen.

Laßt uns deshalb den literarischen Quellen zuwenden. Es handelt sich um eine ganze Galerie von Pilatus-Bildern, die von jüdischen Portraits über die vier evangelistischen Gemälde bis zu den Kunstwerken der apokryphen Literatur späterer Jahrhunderte führt. Es ist ein Übergang von düsteren Farben aus jüdischer Feder – die jedoch den Vorteil genießt, über jeden Verdacht der Schönmalerei erhaben zu sein – über die hellen Charakterskizzen aus dem Neuen Testament bis hin zur überschwenglichen Verherrlichung eines Justizmörders, der »in seinem Unterbewußtsein schon christlich war« (Tertullian), wie er uns im phantasiereichen Sagengut der späten Antike entgegentritt.

Doch wir wollen mit den nüchternen Darstellungen beginnen. Abgesehen vom Prozeß Jesu, kann man den Menschen Pontius Pilatus nur nach fünf Episoden beurteilen, die von Flavius Josephus, dem jüdischen Historiker (der zu den Römern übergelaufen war und seine Werke in Rom verfaßt hat), Philo von Alexandrien, dem jüdischen Philosophen, und vom Evangelisten Lukas berichtet werden. Die erste dieser Episoden fällt mit dem Amtsantritt des Römers im Jahre 26 zusammen. Pilatus ließ in der Nacht Bilder des »Gott-Kaisers« nach Jerusalem bringen und verletzte so absichtlich die religiösen Gefühle der Juden, nämlich das biblische Bilderverbot, was fast in einem Massengemetzel zu enden drohte. Die unmittelbare Folge davon war ein Aufstand: »Die Juden erhoben sich gegen Pilatus von Caesaraea, um ihn zu bitten, die Bilder aus Jerusalem zu entfernen und die Gesetze ihrer Ahnen aufrechtzuerhalten. Da Pilatus sich weigerte, lagerten sie sich um sein Haus und blieben dort fünf Tage und fünf Nächte. Am sechsten Tag begab sich Pilatus vor sein Tribunal im großen Stadion und rief das Volk unter dem Vorwand zusammen, auf sein Begehren antworten zu wollen.

Da gab er den bewaffneten Soldaten den Befehl, die Juden zu umzingeln. Als die Juden sahen, wie die Soldaten sie mit einem dreifachen Ring umgaben, blieben sie vor diesem unerwarteten Schauspiel stumm. Pilatus, nachdem er ihnen erklärt hatte, er wolle sie alle töten lassen, falls sie das Bildnis des Kaisers nicht anerkennen würden, gab den Soldaten das Zeichen, ihre Schwerter zu ziehen. Doch die Juden warfen sich wie auf einen gemeinsamen Befehl zur Erde und boten ihren Nacken dar, alle bereit, lieber zu sterben, als ihre Gesetze zu verletzen.

Von diesem religiösen Eifer überwältigt, gab Pilatus den Befehl, die Bilder aus Jerusalem zu entfernen.«[16] Hierzu bedarf es eines politischen Kommentars.

Pilatus wußte kurz nach seinem Amtsantritt sehr wohl, daß die Bewahrung von »Ruhe und Ordnung« in seiner Provinz zu seinen vornehmlichsten Aufgaben zählte. Er konnte es sich daher nicht leisten, seine neue Karriere mit einem Massenmord zu beginnen – um so mehr, als die Einhaltung des Bilderverbotes zu den jüdischen Privilegien gehörte, die Rom den Juden seit Kaiser Augustus gewährt hatte. Es war also keineswegs Ein-

16. Flavius Josephus, Der Jüdische Krieg, II, 9, 2.

fühlsamkeit oder Sympathie, die Pilatus hier zur Rücknahme seiner Bilderprovokation bewegte, sondern kühle Staatsraison und die nüchterne Sorge um sein eigenes Wohlergehen.

In der zweiten Episode geht es um die Entwendung des Tempelschatzes in Jerusalem. »Einige Zeit später«, berichtet Josephus, »erregte Pilatus einen neuen Aufstand, als er für den Bau eines Aquädukts den heiligen Schatz, genannt Korbanas, verwendete (...) Als das Volk dies erfuhr, empörte es sich. Unter lauten Rufen »versammelte es sich um das Tribunal des Pilatus, das sich zu dieser Zeit in Jerusalem befand. Pilatus, der diesen Aufruhr vorhersah, ordnete an, daß sich bewaffnete Soldaten, in Zivil verkleidet, unter die Menge mischen, wobei er ihnen befahl, die Aufrührer mit Knüppeln zu erschlagen. Von der Höhe seines Tribunals aus gab er das verabredete Zeichen. Viele Juden wurden getötet (...) Durch dieses Massaker war die Menge derart entsetzt, daß sie lange Zeit Ruhe hielt« (Jüdischer Krieg, II, 9, 2).

Die dritte Episode, auf die Lukas (13, 1) anspielt, bezieht sich auf einen Mord an Galiläern, der von Pilatus angeordnet wurde: »Zu eben dieser Zeit kamen einige und erzählten ihm (Jesus) von den Galiläern, deren Blut Pilatus vergossen hatte, als sie gerade opferten.«

Es ist nicht uninteressant, daß dieses brutale Massaker der Landsleute Jesu, das an den Mord des Erzbischofs Romero in Lateinamerika mitten in der Zelebration der Messe erinnert, während Jesu Wirkungszeit stattfand, höchstwahrscheinlich sogar kurz vor seinem eigenen Prozeß.

Die vierte Episode von den goldenen Schilden ist uns durch einen Brief von Herodes Agrippa an den Kaiser Caligula bekannt, den Philo von Alexandrien erwähnt.

Diesmal handelt es sich um göttliche Ehren, die der Statthalter mitten in Jerusalem dem Tiberius erweisen will.

»Pilatus (...) weiht in Jerusalem goldene Schilde, weniger um Tiberius zu ehren, als um das Volk zu kränken (...) Nachdem sich die Neuigkeit verbreitet hatte, versammelte sich das Volk und schickte die vier Söhne des Königs zum Statthalter (...) Pilatus wies ihre Bitten schroff zurück, denn er war von Natur aus hartherzig und starrköpfig. Nun riefen die Juden: Wir werden

Abgesandte mit einer Beschwerde an den Kaiser Tiberius schikken! Das reizte ihn noch mehr als alles übrige. Er wußte, daß, wenn man Abgesandte zum Kaiser schickte, noch andere Mängel in seiner Verwaltung entdeckt würden.

Wie er das Volk gequält, beraubt und mißhandelt hatte, wie er die Bürger ohne Gerichtsverfahren hinrichten ließ, kurzum – seine unerträgliche Grausamkeit.«[17]

Als der Kaiser von diesem Vorfall erfuhr, soll er Pilatus gerügt haben mit dem Befehl, die Goldschilde unverzüglich aus Jerusalem zu entfernen, was dann auch zögernd und widerwillig von Pilatus ausgeführt wurde.

Der letzte und zugleich auch der blutigste Zwischenfall ist die Episode von Garisim, dem heiligen Berg der Samaritaner.

Als ein Prediger am Fuße des Berges eine Volksmenge versammelte und ihnen Wunder in Aussicht stellte, »beeilte sich Pilatus, die Straße, auf der die Menschen den Berg besteigen mußten, im voraus mit Reitern und Fußtruppen zu besetzen, die sich dann auf die Leute stürzten, einige im Handgemenge töteten, andere in die Flucht schlugen und viele als Gefangene wegführten, von denen die bedeutendsten von Pilatus zum Tode verurteilt wurden, ebenso wie die einflußreichsten der Flüchtlinge.[18] Über dieses Massaker wurde bei Vitellius, dem Statthalter von Syrien, durch den Ältestenrat von Samaria Klage geführt, »denn nicht um sich gegen die Römer zu empören, sondern um der Gewalttätigkeit des Pilatus zu entgehen, hatten sie sich vereinigt.«

Die Angelegenheit endete für Pilatus schlecht: Er wurde im Jahre 36 unverzüglich seines Amtes enthoben und bekam den kaiserlichen Befehl, sich persönlich in Rom zu rechtfertigen. Von dort kehrte er nicht mehr zurück, und endete, wenn man dem Kirchenhistoriker Eusebius glauben kann, durch Selbstmord. Philo von Alexandrien reiht ihn unter den Judenverfolgern ein, »die Gott durch einen gewaltsamen Tod bestrafte«. Das rabbinische Schrifttum nennt ihn nicht von ungefähr »Haman«, jenen heidnischen Machthaber, der einst die Vernichtung der Juden geplant hatte (Esther 3; Targum Esther zu 5, 11).

17. Philo, Botschaft an Gaius, XXXVIII.
18. Josephus, Jüdische Altertümer, XVIII, 4, 1–2.

Der deutsche Historiker G. A. Müller faßt seine Karriere zusammen: »Vitellius hat ohne Zweifel dem Senat in Rom so gründlichen Bericht über die Vorgänge im Orient erstattet, daß Pilatus mit einer Entschuldigung gar nicht zu beginnen brauchte. Die Schädigung römischer Interessen durch Pilatus, die Verletzung von Rom anerkannter jüdischer Privilegien und willkürliche Amtsführung waren bewiesen und konnten nicht geleugnet werden.«[19] Hinzuzufügen ist dem noch, daß Pontius Pilatus während dem Jahrzehnt seiner Amtszeit nach konservativer Schätzung rund sechstausend Juden kreuzigen ließ – einige nach »kurzem Prozeß«, die meisten nach militärischem Schnellverfahren, den Rest aber »ohne Gericht«, wie Philo von Alexandrien aus erster Quelle zu berichten weiß.

Aus diesen ganz verschiedenen, jedoch übereinstimmenden Quellen darf man wohl, innerhalb der Grenzen historischer Plausibilität, folgern, daß in der Hand des Pilatus das Leben eines Menschen – noch dazu eines ihm völlig unbekannten Juden, der sich politischer Umtriebe verdächtig gemacht hatte, nicht sehr schwer wiegen konnte.

Jesus vor dem römischen Statthalter

Doch nun vom irdischen Pilatus der Geschichte zum kerygmatischen Pilatus der Evangelisten. Alle Evangelischen stimmen darin überein, daß Jesus schon »am frühen Morgen« zu Pilatus gebracht wurde. In der Folge wird berichtet, daß die Kreuzigung um neun Uhr morgens stattfand (»die dritte Stunde« laut Mk 15, 25). Jesus müßte also schon sehr frühzeitig zu Pilatus gebracht worden sein: vor sechs Uhr früh, wenn die Verhandlung vor dem Landpfleger, die Geißelung im Kasernenhof und der Gang zur Richtstätte, die sich außerhalb der Stadt befand, bereits vorüber waren, als es neun Uhr morgens wurde. Dem römischen Statthalter oblagen zur Zeit des Pessachfestes in Jerusalem zahlreiche Regierungsgeschäfte verschiedener Art: militärische Maßnah-

19. Pontius Pilatus, der fünfte Prokurator von Judäa, Stuttgart 1888, S. 46.

men zur Sicherung der Ordnung, die Aufsicht über das Gedränge der Tausende nach Jerusalem strömenden Festpilger, unter denen sich viele befanden, die Roms Herrschaft nur mit Unwillen ertrugen. Wir wissen aus den Schriften des Josephus, daß um die Zeit des Pessachfestes häufig Unruhen und Aufstandsbewegungen unter den Juden ausbrachen. Dies alles trug gewiß zur Zeitknappheit des Statthalters bei. Wenn Pilatus also bereits beim Morgengrauen bereit war, über Jesus Gericht zu halten, mußte er schon zuvor davon Kenntnis haben, daß der Prozeß bevorstand. Dies ist im Zusammenhang mit dem johannäischen Bericht zu berücksichtigen, demzufolge ein römischer Oberst an der Spitze römischen Militärs die Verhaftung Jesu befehligte (Joh 18, 12).

Doch zuerst ist nun zu klären, wer es war, der Jesus dem Pilatus überlieferte. Nach Markus (15, 1) waren es »*die Hohepriester mit den Ältesten und Schriftgelehrten und dem gesamten Synhedrion*, die jedoch als Ankläger, zwei Verse später, zu »*den Hohepriestern*« schrumpfen (Mk 15, 3), zu denen sich kurz danach (Mk 15, 8) »*die Volksmenge*« hinzugesellt. Da sich in der Folge Markus mit den »Hohepriestern« als Ankläger begnügt – zu denen nur einmal noch die Schriftgelehrten in untergeordneter Funktion hinzugezogen werden –, dürften die vier Worte »*und das gesamte Synhedrion*« als späteres Einschiebsel gelten, deren Zweck es ist, auch die Pharisäer zu inkriminieren. Denn, wie Paul Winter und David Flusser bewiesen haben, ist die Trias »Hohe Priester, Älteste und Schriftgelehrte« ausschließlich sadduzäischer Herkunft. Bei Matthäus (27, 1–2) sind es »*all die Hohepriester und die Ältesten des Volkes*«, hierauf »*die Volksscharen*«, vier Verse später eine »*Volksmenge*«, die jedoch binnen drei Zeilen zum »*ganzen Volk*« anschwillt, um später auf gesamtnationaler Ebene zu schreien: »*Sein Blut komme über uns und unsere Kinder!*« (Mt 27, 25).

Doch wir wollen nicht vorgreifen. Matthäus ist auch der einzige, der uns schon vor Beginn des Prozesses eindeutig erklärt, daß »*all die Hohepriester und die Ältesten des Volkes*« beschlossen hatten, »ihn (Jesus) zu töten«. (Mt 27, 1) Jesu Schicksal, so will der Evangelist uns sagen, ist eigentlich schon besiegelt, ehe der Prozeß beginnt.

Da es zu jener Zeit nur einen amtierenden Hohepriester gab, so ist die Mehrzahl »die Hohepriester« bereits ungewöhnlich. Die Formel »all die Hohenpriester« bezeugt sowohl Unvertrautheit mt jüdischen Angelegenheiten als auch die feste Entschlossenheit des Matthäus, *alle* jüdischen Behörden als Ankläger Jesu erscheinen zu lassen.

Bei Lukas (23, 1) ist es »*ihre ganze Versammlung*«, die Jesus zu Pilatus führt, die in Vers 23, 4 zu »*den Hohepriestern und den Volksscharen*« wird, in Vers 23, 10 sich als Ankläger Jesu in »*die Hohepriester und Schriftgelehrten*« verwandelt, – um in Vers 23, 13 als »*die Hohepriester und die Ältesten und das Volk*« zu erscheinen.

Bei Johannes (18, 28 ff.) sind es »*sie*«, die ihn zum Richterstuhl des Römers führen, wobei die vorangehenden Verse uns keinerlei Hinweis betreffs ihrer Identität bieten. Sechsmal hören wir hierauf von »*ihnen*«, »*sie selbst*«, »*sie*« und »*Ihr*« – bis es in Joh 18, 34 aus dem Munde des Pilatus heißt: »Deine Nation und die Hohepriester haben dich mir ausgeliefert«, so daß in der Folge die Ankläger ganz pauschal »*die Juden*« benannt werden.

Wer sind also diese Ankläger Jesu, die ja in der Kirchengeschichte zu den Angeklagten wurden, welche ohne jedwedes Gerichtsverfahren des Christusmordes schuldig gesprochen worden waren?

Wenn ich mich der Analogie des Nürnberger Prozesses bedienen darf (in dem es ja auch um das Vergießen jüdischen Blutes ging), um die Nebulosität der Evangelisten zu vergegenwärtigen, so hieße das: Angeklagt sind stellenweise die Führung der Waffen-SS und die Elite der Nazipartei, dann die Generäle der Wehrmacht, hierauf alle Mitglieder der NSDAP – und hie und da, in derselben Anklageschrift: das ganze deutsche Volk.

Was tut nun Pilatus, der »*frühmorgens*« gekommen war, um über Jesus Gericht zu halten? Nach Markus (15, 2) fragt er ihn: »*Bist Du der König der Juden*?« – was entweder für die römische Ignoranz in jüdischen Angelegenheiten plädiert, oder auf den eindeutig politischen Charakter der Anklage hindeutet. Da der Titel »*König der Juden*« in allen vier Evangelien zum Klischee wird, müssen wir wohl das letztere annehmen.

Die Anklage weiß also weder von einer Gotteslästerung noch von einer vorhergegangenen Verurteilung durch den Hohen Rat und auch nicht um die römische Genehmigung eines jüdischen Hinrichtungsbefehls. Vielmehr untersucht Pilatus den Fall selbst, wie ein Richter in erster Instanz es zu tun hat.

Die Bezeichnung »König der Juden« ist eine typisch römische Formulierung, die Jesus niemals benutzt hat, da er von seinem Volk nur, im biblischen Kontext, als »Israel« sprach.

Jesu Antwort »Du sagst es« ist zwar zweideutig, aber war nach den Bestimmungen der »Lex Julia Majestatis«, die hier Anwendung finden mußte, für eine Verurteilung mehr als genügend, wie Mommsen in seinem Standardwerk »Römisches Strafrecht«[20] bewiesen hat.

Jesus selbst kann mit diesen drei Worten nur gemeint haben: Das ist Dein Verständnis, nicht das meine; ich würde es nicht so sagen! Wie dem auch sei, von diesen Worten Jesu an wäre es für Pilatus nicht nur gesetzwidrig gewesen, Jesus freizusprechen oder zu begnadigen, sondern auch lebensgefährlich, da er ja über jeden politischen Prozeß unverzüglich nach Rom zu berichten hatte und die römischen Kaiser überempfindlich in bezug auf alle umstürzlerischen Tätigkeiten in den Provinzen waren. Denn »König der Juden« konnte für die römischen Behörden nur die Anmaßung des Herrschertitels und hiermit Majestätsbeleidigung für den Kaiser sowie Aufruhr gegen die römische Oberherrschaft bedeuten − *das* politische Verbrechen par excellence.

Für Juden war es natürlich kein Verbrechen, weder im messianischen noch im rein politischen Sinn, soweit die beiden Bereiche im damaligen Zeitgeist überhaupt trennbar waren. So lautet der Titel des heißersehnten Erlösers im Judentum »*der König Messias*« oder »*der Messiaskönig*«, denn als »*Sohn Davids*« und »*Gesalbter des Herrn*« war seine politische Aufgabe der Befreiung Israels vom Heidenjoch unzertrennlich verbunden mit seiner Heilsrolle als Erlöser und Friedensfürst des kommenden Gottesreiches. Daher war die griechische Übersetzung von Messias als »*König der Juden*« inhaltlich zwar unzulänglich, aber keineswegs falsch. Otto Betz hat also recht, wenn er schreibt:

»Der Messiasanspruch war als solcher staatsgefährlich. Er

20. (1899, S. 437 f.)

konnte, wie immer er von seinem Träger verstanden wurde, beim Volk ein Echo hervorrufen, das sich in Aufruhr und Empörung fortpflanzen konnte.«[21] »Hat Jesus selbst sich als Messias gesehen, gar bezeichnet?« so fragt der katholische Theologe Thomas Sartory und fährt fort: »Lange Zeit sprachen die Theologen von einem messianischen Selbstverständnis Jesu. Heute zögern sie, viele verneinen es mit guten Gründen.«[22] Günther Klein ist ähnlicher Meinung: »Jesus lehrt über seine eigene Person, kurz gesagt, gar nichts (...) Er hat auch keine Aussagen über seine eigene Zukunft gemacht.«[23] »Hat Jesus sich als Messias verstanden?« So lautet auch die Frage von Ernst Käsemann, die er schlechterdings verneint: »Ich bin davon überzeugt, daß es keinerlei Beweismöglichkeit für die Bejahung der Frage gibt.«[24] Doch nun zurück zum Richtstuhl des Pilatus.

Wir hören hierauf keine genauen Angaben über die Art der »vielen Anklagen«, die die »Oberpriester« gegen Jesus erhoben (Mk 15, 4), noch antwortet Jesus auf diese uns unbekannten Anklagen, worüber Pilatus »*sich wundert*« (Mk 15, 5). Nach Matthäus (27, 1—2 und 11—14), der den Markustext fast wörtlich übernimmt, ist Pilatus ein wenig besorgter um Jesus, der sich ja, mit Ausnahme der unklaren Worte »Du sagst es«, in Schweigen hüllt: »Hörst Du denn nicht«, beschwört ihn der Römer, »wie viele Dinge sie gegen Dich bezeugen?« (Mt 27, 13) Auch hier schweigt Jesus, und Pilatus »*wundert sich sehr*« (Mt 27, 14).

Lukas (23, 2—5) ist der einzige Evangelist, der uns deutlich den politischen Charakter der sadduzäischen Anklagen vermittelt:
»Wir haben festgestellt, daß er unser Volk aufwiegelt, denn er verbietet, dem Kaiser Steuern zu zahlen und gibt sich für den Messias-König aus.«

Jede dieser drei Anklagen müßte nach römischem Recht genügen, um Jesus ans Kreuz zu bringen, um so mehr, als die Worte Jesu »*Du sagst es*«, die Lukas von Markus übernimmt, einem

21. Was wissen wir von Jesus? Stuttgart/Berlin, 1965, S. 63.
22. Die Hoheitstitel Jesu, München 1971, S. 5.
23. Drei Kapitel moderner Theologie, Köln 1969, S. 14.
24. Das Problem des historischen Jesus. Exegetische Versuche und Besinnungen, Band I, 1960, S. 187 f.

juridisch gültigen Geständnis gleichkommen. Dennoch bringt es Pilatus fertig, »den Hohepriestern« ohne jedwedes Kreuzverhör, ohne mildernde Zeugenaussagen oder überzeugende Gegenbeweise mitzuteilen: »*Keine Schuld finde ich an diesem Menschen*« (Lk 23, 4). Dieser Vers widerspricht nicht nur aller römischen Rechtspraxis und den wohlbekannten Gepflogenheiten des Pilatus, sondern auch dem nackten Selbsterhaltungstrieb des Statthalters. Auch wenn Jesus sein eigener Bruder gewesen wäre anstatt ein ihm völlig unbekannter Jude aus dem fernen Galiläa – er hätte sich durch diese Worte strafbar gemacht.

Johannes (18, 28) beginnt seine Version mit einer Zuvorkommenheit des Pilatus, die verblüffend ist: Obwohl es »frühmorgens« ist, als »sie« – wer immer unter den Juden das auch sei – Jesus zu ihm bringen, läßt er ihn nicht vorerst ins Gefängnis werfen, um seine Verurteilung, wie es der römische Brauch war, auf später zu verschieben, sondern er empfängt den Ankläger sofort. Mehr noch! Er verläßt sein Tribunal, um ihnen entgegenzueilen; geht dann wieder ins Prätorium hinein – nur um noch einmal zu ihnen herauszukommen, um sich mit »den Hohepriestern«, wie sie später genannt werden, persönlich zu besprechen. All dies, da jene ja am Vortag des Osterfestes jede rituell unreine Berührung vermeiden wollten. Diese angebliche Feinfühligkeit des Tyrannen widerspricht nicht nur der historischen Glaubwürdigkeit, sondern auch dem jüdischen Ritualgesetz.

Wie der Talmud bezeugt (Ohalot 18, 7.9), hätte sich der Hohepriester nach einer rituellen Verunreinigung ruhig baden können, auch wenn das Pessachfest am selben Abend begann, wie der vierte Evangelist – im Widerspruch zu den drei Synoptikern – behauptet.

Frech und herausfordernd hingegen klingt die Antwort der Ankläger auf die höfliche Anfrage des Pilatus:

»Welche Anklage bringt Ihr gegen diesen Menschen?« (Joh 18, 29) Ohne auf die juridischen Einzelheiten auch nur mit einem Wort einzugehen, erwidern »sie«: »Wenn dieser kein Übeltäter wäre, hätten wir ihn dir nicht überliefert« (Joh 18, 30). Eine Unverfrorenheit, die nur als gezielt provokatorisch aufgefaßt werden kann und jedwede Theorie einer etwaigen Kollision zwischen den jüdischen und römischen Obrigkeiten über den

Haufen wirft. Was jetzt folgt, läßt alle früheren Unwahrschein-lichkeiten verblassen. Pilatus sagt nämlich zu »ihnen«: »Nehmt Ihr ihn und richtet ihn nach Eurem Gesetz!« (Joh 18, 31) Das soll der Vorschlag eines römischen Beamten sein, dem einer, der des Aufstandes und der Majestätsbeleidigung beschuldigt wird, vor-geführt wurde! An Absurdität wird dieser Satz nur noch von demselben Pilatus ein paar Stunden später übertroffen, als er Jesus an »die Juden« ausliefert, auf »daß er gekreuzigt werde« (Joh 19, 16). Nur wer sich die Tausende von römischen Kreuzen vergegenwärtigen kann, an die Pilatus, seine Vorgänger und seine Nachfolger, unzählige Juden, nach kurzem oder gar keinem Prozeß schlagen ließ, versteht die blutige Ironie dieser Zeilen, die die humane Rechtspraxis Israels, der Kreuzigungen unbekannt sind, öffentlich verhöhnen will.

Die Antwort »der Juden« auf den ersten Vorschlag des Pilatus stimmt mit dem Sachverhalt jener Tage, wie wir ihn aus jüdischen Quellen kennen, überein: »Uns ist es nicht erlaubt, jemanden zu töten« (Joh 18, 31), sagen sie dem Pilatus, als ob der das nicht wüßte – womit Johannes keineswegs die Juden entschulden, sondern seine eigene Christologie untermauern will. Die Juden »mußten« dies nämlich sagen, wie Johannes betont, »damit das Wort Jesu erfüllt werde, womit er angedeutet hatte, *welch eines Todes er werde sterben müssen*« (Joh 18, 32). Mit anderen Wor-ten: Da ihn die Juden entweder gegeißelt oder gar freigelassen hätten, *mußte* es nach Johannes zur römischen Kreuzigung kom-men, denn in ihr sieht der vierte Evangelist jene »Erhöhung« des Heilands, die für ihn die Verwirklichung der messianischen Sen-dung darstellt.

Eine »*Erhöhung*«, die auf den leidenden Gottesknecht in Jes 52, 13 zurückgeht: »Siehe, *Mein Knecht (...) wird erhöht werden.*«

Doch zurück zu Pilatus, der nun Jesus fragt, ob er wirklich »der König der Juden« sei (Joh 18, 33) – was Jesus mit einer Gegen-frage beantwortet. Idyllische Beziehungen herrschten offensicht-lich zwischen dem obersten Richter im militärisch besetzten Judäa und einem machtlosen, unbekannten Wanderprediger, der des Aufstandes angeklagt wird. »Sagst Du das aus Dir selbst, oder haben es andere Dir von mir gesagt?« (Joh 18, 34), will Jesus wissen, was eindeutig der Lukas-Version widerspricht

(Lk 23, 2), laut der sich Jesus selbst zum »Messias-König« erklärt hatte. Kein Wunder, daß Pilatus, offensichtlich empört über die Vertraulichkeit Jesu, herausplatzt: »Bin ich denn ein Jude?« Gefolgt von der Pauschalanklage, die Johannes ein dutzendmal verschiedentlich bekräftigt:

»Deine Nation und die Hohepriester haben dich mir ausgeliefert!« (Joh 18, 35) Schuld an der Auslieferung ist also nicht nur die geistige Führung Israels, sondern das gesamte Volk, wie Johannes nicht müde wird, immer wieder zu betonen oder durchblicken zu lassen.

Nun folgt im Inneren des Gerichtsgebäudes, was nur als ein philosophisches Zwiegespräch zwischen zwei vertrauten Freunden (Jesus und Pilatus) bezeichnet werden kann, was wiederum Matthäus und Markus widerspricht, denen gemäß Jesus das Schweigen bewahrt habe: »Und er antwortete dem Pilatus nicht, auch nicht auf eine einzige Aussage«, behauptet Matthäus (27, 14), wohingegen Jesus nach Johannes auf die Frage des Pilatus, ob der »der König der Juden sei«, mit einer längeren theologischen Aussage antwortet, die Pilatus offensichtlich nicht versteht. Denn auf die Rechtfertigung Jesu, daß »sein Reich nicht von dieser Welt sei«, greift er ganz unbekümmert auf seine ursprüngliche Anklage zurück, um zu behaupten: »Also bist Du doch ein König« (Joh 18, 37) – was Jesus diesmal bejaht:

»Du sagst es: Ich bin ein König« (Joh 18, 37 b).

Alles, aber auch alles spricht nun für eine sofortige Verurteilung Jesu durch Pilatus, der uns wiederum überrascht, denn, anstatt zu tun, was sowohl seine Pflicht als auch der Tatbestand und das Geständnis Jesu eindeutig verlangen, »ging er wiederum zu den Juden hinaus und sagte ihnen: Ich finde keine Schuld an ihm« (Joh 18, 33) – ein Satz, den er, aller juridischen und historischen Logik zum Trotz, im Laufe des johannäischen Prozesses nicht weniger als dreimal wiederholt.

Auf die Frage des Pilatus, »Was ist die Wahrheit?« ist der jüdische Neutestamentler arg versucht, zu antworten: Sicherlich nicht dieser Bericht des römischen Gerichtsverfahrens.

Der Wortlaut dieses seltsamen Zwiegesprächs wird nur vom vierten Evangelisten berichtet. Die drei anderen, die Jahrzehnte vor ihm ihre Berichte niederschrieben, wissen nichts davon. Das

Gespräch zwischen Jesus und Pilatus fand unter Ausschluß der Öffentlichkeit im Innern des Prätoriums (oder des Herodespalastes) statt. Wie Johannes dazu kam, es 70 Jahre später, noch dazu wörtlich, wiederzugeben, bleibt bis heute ein Rätsel.

Älter als das erste Evangelium und historisch glaubwürdiger als die vier verschiedenen Passionsberichte ist die Aussage des Heidenapostels, der »die Herrscher dieser Welt« (I Kor 2, 6) am Tode Jesu beschuldigt — wobei auch die reichste Phantasie die Führer des kleinen unterjochten Judenvolkes nicht in diesem Ausdruck einschließen kann. In der verblümten Sprachweise der damaligen Juden, die guten Grund hatten, die hellhörigen Schergen des Kaisers zu fürchten, war dies nämlich eine der landläufigsten Umschreibungen für die römischen Obrigkeiten. Gemeint sind dieselben, die in der rabbinischen Literatur »Edom« oder »Esau« heißen; die in den Rollen von Qumran die »Kittim« genannt werden — und die Johannes von Patmos in seiner Offenbarung als »die Würger des Lammes« vorstellt — nämlich: »Die Könige der Erde und die großen Herren und die Kriegsobersten und die Reichen und die Machthaber« (Offb 6, 15); oder in Kürze: »Babylon, die Mutter der Huren — und der Greuel der Erde« (Offb 17, 5). Mit einem Wort: die Weltmacht Rom.

»Jesus Barabbas«

Wir kommen zur zweiten Phase des Prozesses: Jesus wird von Pilatus zu Herodes gesandt, der ihn verhört, verhöhnt und verspottet, während ihn »die Hohepriester und die Schriftgelehrten hart verklagen« (Lk 23, 7–12). Interessant ist, daß hier zum erstenmal von Jesus als einem Opfer von Spott und Pein durch Soldaten die Rede ist. Es sind die Söldner des Herodes, die ihm »ein weißes Gewand« anlegen, ihn mit Fäusten schlagen und ihren Spott mit ihm treiben, ehe sie ihn — ohne Verurteilung — zurück zu Pilatus schicken.

Unwahrscheinlich in dieser Szene ist vorerst, daß derselbe Pilatus, der, wie Lukas 13, 1 berichtet, »Galiläer in Jerusalem« sogar beim Opferdienst ermorden ließ, einen Wanderprediger, der sich in Galiläa wie auch in Judäa zum Messias erklärt haben soll, dem

Vierfürsten von Galiläa zur Aburteilung zugesandt haben soll. Ebenso unwahrscheinlich ist es, daß Herodes, der Johannes den Täufer ermorden ließ, weil er seinen Einfluß auf das Volk fürchtete, diesen Jesus, den er schon einmal wegen seiner großen Popularität zu beseitigen versucht hatte (Lk 13, 31 ff.), nun höflich dem Statthalter zurücksendet. Noch unwahrscheinlicher ist es, daß Pilatus, der die Römerherrschaft verkörperte, inmitten der Osterpilgerscharen in Jerusalem auf seine Justizgewalt zugunsten des Tetrarchen von Galiläa verzichten will — ebenso wie es nicht einsichtig ist, daß Herodes, der lediglich auf der Durchreise in Jerusalem weilte, bereit gewesen wäre, im Hoheitsgebiet der Römer die Gerichtsbarkeit auszuüben.

Gekrönt wird diese Reihe von Unwahrscheinlichkeiten durch die angebliche Bereitschaft »der Hohepriester und der Schriftgelehrten«, vor dem verhaßten Herodes die Rolle der Ankläger eines populären Predigers auf sich zu nehmen. Die ganze Episode scheint bei den Haaren herbeigezogen zu sein — nur um die Beleidigungen, Verhöhnungen und Verunglimpfungen Jesu, die die anderen drei Evangelisten den römischen Söldnern zur Last legen, den Soldaten des halbjüdischen Idumäerprinzen Herodes in die Schuhe schieben zu können.

Die zweite Phase des Prozesses beginnt mit Barabbas und endet mit der endgültigen Verdammung Jesu durch Pilatus. Schon bei Markus gehört die sogenannte »ursprüngliche« Fassung zu den verworrensten Perikopen des ältesten Evangeliums.

Es wird erzählt, Pilatus habe sich »die Gewohnheit« angeeignet, am Tage des Festes dem Volk die Haftentlassung eines Gefangenen freizustellen. Weder das römische Recht jedoch noch das jüdische wissen von einem solchen Brauch. Das römische Recht untersagt es ausdrücklich, ohne Befragung des Kaisers das Strafverfahren gegen Angeklagte einzustellen oder einem bereits Verurteilten den Vollzug der Strafe zu erlassen. Pilatus hätte sich einer schweren Amtsverletzung schuldig gemacht, wenn er sich »die Gewohnheit« angeeignet hätte, die der Evangelist ihm zuschreibt.

Interessant ist das wenige, das die vier Evangelien uns trotz aller Wortkargheit im Zusammenhang mit diesem Gefangenen enthüllen. »Es war aber einer genannt Barabbas gefangen mit den

Aufrührern, die da bei dem Aufruhr einen Mord begangen hatten« (Mk 15, 7). Markus hat zuvor keinen Aufruhr erwähnt; dennoch gebraucht er zweimal den bestimmten Artikel *die* Aufrührer und *der* Aufruhr. In seiner Quelle wurde offensichtlich vorher ein ganz bestimmter Aufruhr erwähnt, den Markus gestrichen hat; jedoch vergaß er dabei, die bestimmten Artikel zu ändern. Matthäus (27, 16 f.) streicht jegliche Erwähnung des Aufstandes und sagt nur: »*Sie hatten aber zu der Zeit einen berüchtigten Gefangenen, der hieß Barabbas.*« Lukas (23, 18 f.) erklärt, daß Barabbas »*um eines Mordes willen ins Gefängnis geworfen worden war — wegen eines Aufruhrs, der geschehen war in der Stadt (Jerusalem)*«. Johannes (18, 40) erwähnt nur, daß Barabbas »*ein Räuber war*«, womit er mehr enthüllt, als ihm lieb sein mußte, denn das griechische Wort *lestes* (Räuber) war ja der römische Rufmord für die Widerstandskämpfer (Zeloten) jener stürmischen Zeit.

Wir erfahren also ganz nebenbei, daß just zu jener Zeit ein Aufruhr in Jerusalem getobt hatte, daß Barabbas und Jesus von Pilatus im selben Atemzug genannt werden und daß Barabbas zu »*den Aufrührern*« gehört hatte. In der Folge erzählt Markus, die Wahl des freizulassenden Gefangenen wäre angeblich dem Volk anheimgestellt worden. Nun befragt aber Pilatus die Volksmenge, ob er Jesus oder Barabbas die Freiheit schenken solle. Warum diese enge Alternative? Warum die Begrenzung der Wahl ausgerechnet auf diese zwei Personen? Lesen wir doch später, daß sich zur selben Zeit noch einige andere Gefangene im Gewahrsam des Pilatus befanden, die später gemeinsam mit Jesus gekreuzigt wurden.

Der Evangelist widerspricht sich selbst, wenn er einerseits behauptet, daß es dem Volk anheimgestellt wurde, den freizulassenden Häftling zu bestimmen, andererseits aber den Vorfall so schildert, als ob Pilatus der Menge nur die Wahl zwischen Jesus und Barabbas gewährt hätte.

Markus behauptet mit Nachdruck, Pilatus habe nichts »*Böses*«, also keine strafwürdige Handlung an Jesus feststellen können.

Im gleichen Zuge wird jedoch berichtet, daß Pilatus der Menge angeboten habe, Jesus *gnadenweise* freizulassen.

Warum sollte es erforderlich seien, von einem Begnadigungsrecht Gebrauch zu machen, welches dem Statthalter nicht zustand, wenn er Jesus tatsächlich schuldlos fand?

Hätte es ein sogenanntes »privilegium Paschale«, einen Brauch, am Passahfest einen Gefangenen freizulassen, je gegeben, und wäre die Wahl des Volkes auf Barabbas gefallen, so hätte doch Pilatus sowohl Barabbas begnadigen, als auch Jesus für unschuldig erklären und freisprechen können. Daß er einen »berüchtigten Gefangenen«, den Lukas gleichzeitig des Aufstandes und des Mordes beschuldigt (Lk 13, 19), der nach Markus (15, 7) an einem antirömischen Aufruhr teilgenommen haben soll, öffentlich freigelassen habe, ist genauso unglaubwürdig wie die Annahme, daß der ehrgeizige Statthalter wegen einem, zweier oder zehntausend Juden seine eigene Karriere gefährdet hätte.

Hier sei mir eine Hypothese gestattet: In einigen der ältesten Handschriften des Matthäusevangeliums heißt dieser Barabbas mit Vornamen Jesus — so daß die Frage des Pilatus an die Volksmenge lautete: »Wen soll ich euch freilassen? Jesus Barabbas oder Jesus, den sogenannten Messias?« (Mt 27, 17) — Der Name gibt zu einigen Überlegungen Anlaß, da der Name Barabbas wörtlich aus dem Aramäischen übersetzt »der Sohn des Vaters« bedeutet — was eine volkstümliche Anspielung an Jesu Brauch, sich im Gebet an Gott mit *ABBA* zu wenden, sein könnte (vgl. Mk 14, 36).

Als das Volk also für die Freilassung des »Jesus Barabbas« schrie, mag es den Nazarener gemeint haben — eine Annahme, die die große Popularität Jesu nur zu bekräftigen vermag:

»*Die Hohepriester (. . .) fürchteten das Volk, weil es ihn (Jesus) für einen Propheten hielt*«, so heißt es bei Matthäus (21, 46).

»*Das ganze Volk hing ja an ihm (Jesus) wenn es ihn hörte*«, so bestätigt es Lukas (19, 47). »*Wenn wir ihn so weitermachen lassen*«, sagen die Hohepriester nach Johannes (11, 48), »*werden alle an ihn (Jesus) glauben.*«

Es liegt also im Bereich der Möglichkeit, daß es der echte und einzige Jesus war, um dessen Freilassung die jüdische Volksmenge flehte, was viel später — im Zuge der antijüdischen Polemik der griechischen Evangelisten — in *zwei Jesusse* gespalten wurde, um gleichzeitig den sogenannten »*Neid der Hohepriester*« (Mk 15, 8), den angeblichen Jesushaß des Volkes und die schier endlose Sympathie des Pilatus für den Nazarener ein weiteres Mal unter Beweis zu stellen. Nichtsdestoweniger beugt sich der wankelmütige Pilatus der Evangelisten dem Geschrei eines jüdischen Volksmenge, befreit einen überführten Staatsverbrecher, nur um Jesus, dem Willen der Juden gemäß (Mk 15, 15) zum Tode zu verurteilen. Sein Zögern, sein oft wiederholter Wunsch, Jesus freizugeben, zuerst sein Schwanken, dann sein Plädoyer zugunsten des Nazareners und schließlich sein resignierendes Nachgeben unter steigendem jüdischen Druck — all dies soll die Aufmerksamkeit des Lesers davon ablenken, daß Pilatus und kein anderer das Urteil fällt, das Jesu Leben beendet.

Die Feststellung, daß er »das Urteil fällt«, ist eigentlich eine Übertreibung, denn nirgends in den Evangelien wird ein Todesurteil des Pilatus erwähnt — eine Tatsache, die an den Lasterkatalog erinnert, den Philo von Alexandrien dem ihm bekannten Landpfleger ausstellt, in dem es unter anderem heißt, daß er sich »ständiger Hinrichtungen ohne Gerichtsverfahren« schuldig gemacht habe (Legatio ad Gaium 38). Da Pilatus in keinem der Evangelien die vom römischen Recht vorgeschriebene Urteilsformel »condemno, ibis in crucem« (Ich verurteile dich: Du wirst zum Kreuz gehen) ausgesprochen hat, stellt sich die Frage, ob Jesus überhaupt zum Tode verurteilt worden ist.

Will man diese Frage verneinen — und der Textbefund legt das nahe — so setzt diese Vermutung voraus,

— daß sich Matthäus irrt, wenn er sagt, Pilatus habe während der Verhandlung »auf dem Richterstuhl« gesessen (27, 19);

— daß Johannes falsch berichtet, wenn er behauptet »Als Pilatus diese Worte hörte, ließ er Jesus hinausführen und setzte sich auf den Richterstuhl« (19, 13);

— daß die Behauptung aller vier Evangelisten, römische Soldaten hätten die Kreuzigung vollzogen, nicht stimmen kann;

— daß die Buchstaben »I.N.R.I.« nicht auf Befehl des Pilatus an das Kreuz geschrieben wurden;

— und schließlich: daß Pilatus in diesem Prozeß überhaupt nicht als Richter, sondern als Verwaltungsbeamter fungiert hat, was im Widerspruch zu seinem Amt als »praefectus« stünde.

Da diese fünf Voraussetzungen in ihrer Gesamtheit höchst unwahrscheinlich anmuten, liegt es näher anzunehmen, daß die

Evangelisten unter dem Druck der neronischen Verfolgungen es vermeiden wollten, über den römischen Urteilsspruch zu berichten, da dies ja ihren Heiland nach römischem Recht zu einem Schwerverbrecher gestempelt hätte. Dies hätte die junge Kirche im besten Fall der Gefahr ausgesetzt, zur illegalen Religion erklärt zu werden. Daß Pilatus dennoch das Todesurteil gefällt hat, wird durch den Tatbestand bekräftigt, daß vom Augenblick der Verhaftung bis zur Kreuzigung nur eine einzige Anschuldigung Grund der Gefangennahme (Mk 14, 18), Gegenstand der Untersuchung, der Anklageerhebung vor dem Landpfleger (Mk 15, 2) und der Urteilsvollstreckung war:

Die Beschuldigung politischer Umtriebe, das Majestätsverbrechen par excellence. Dies bestätigt zu guter Letzt auch die Kreuzesinschrift: »*König der Juden*« (Mk 15, 26), die nach römischem Recht der Grund der Hinrichtung zum unzweideutigen Politikum macht.

Wäre diese Hinrichtung nicht die Vollstreckung eines politischjuridischen Urteilsspruches des Pilatus gewesen, so hätte der jüdische Ratsherr Joseph von Arimatäa nicht die Erlaubnis des Römers benötigt, um Jesus würdevoll zu beerdigen (Lk 23, 50). Ebenso hätten die römischen Kriegsknechte, die unter der Befehlsgewalt des Pilatus standen, sich kaum die derbe Travestie der Spott-Huldigung Jesu als »*Judenkönig*« leisten können (Mk 15, 16—20; Mt 27, 27—31; Joh 19, 1—3), wären sie nicht überzeugt gewesen, diese Tortur entspräche dem Willen und dem Urteilsspruch des Statthalters.

Der Urteilsspruch

Bei Markus und Matthäus »*überlieferte Pilatus ihn (Jesus) hierauf, damit er gekreuzigt werde*« (Mk 15, 15; Mt 27, 26), was die Identität der eigentlichen Kreuziger im unklaren läßt. Lukas geht einen Schritt weiter: »*Jesus aber überlieferte er ihrem Willen*« (Lk 23, 25) — was zumindest besagt, daß es der Willen des Volkes gewesen sei, ihn kreuzigen zu lassen.

Es könnte aber auch bedeuten, daß Pilatus ihn dem Mutwillen des Volkes preisgab, wie etliche mittelalterliche Kommentatoren behaupten. Johannes zerstreut schließlich den letzten Zweifel: »*Dann überlieferte er ihn ihnen, damit er gekreuzigt werde*« (Joh 19, 16) – was auf Anhieb nur bedeuten kann, daß Juden nicht nur seine Ankläger, Feinde und Denunzianten waren, sondern auch die Vollstrecker des römischen Urteilsspruches.

Daß dies in der Tat auch so von vielen verstanden wurde, bezeugen eine lange Reihe von Kirchenvätern sowie Dutzende von Darstellungen der Kreuzigung in Kirchen und Kathedralen in ganz Europa.

Für Matthäus genügt all dies noch nicht. In zwei schicksalsschweren Versen gelingt es ihm (oder besser gesagt: seinem griechischen Endredaktor), die volle Schuld dem ganzen Judenvolk zuzuschieben, wobei Pilatus auf biblische Weise zum Unschuldslamm geläutert wird:

»*Als aber Pilatus sah, daß er nichts erreichte (…) nahm er Wasser, wusch vor der Volksmenge die Hände und sagte: Ich bin unschuldig an diesem Blute. Seht Ihr zu! Und das ganze Volk antwortete und sprach: Sein Blut komme über uns und unsere Kinder!*« Die Händewaschung des Pilatus, genau wie der berüchtigte Judaskuß, sind das Sondergut des Matthäus, das keinem der anderen Evangelisten bekannt ist, weder Markus, »dem Sprachrohr des Petrus«, noch dem Lukas, der sich am meisten um historische Tatsachen bemüht. Ihre Hände wuschen sich als Zeichen der Unschuld – dem Fünften Buch Mose gemäß (Dt 21, 6–9) – die Ältesten einer Stadt, in deren Nähe ein Mord begangen wurde, dessen Urheber unbekannt war. »Seine Hände in Unschuld waschen, ist eine typisch jüdische Formulierung, die man wiederholt in den Psalmen findet (Ps 26, 6; Ps 73, 13) – genau wie die Worte »sein Blut komme über (die Schuldigen)« eine geläufige Redensart der Bibel ist (zum Beispiel 2 Sam 1, 16; 14, 9; Jer 51, 35), um die Verantwortung zu übernehmen.

Was soll man von einem römischen Statthalter denken, der imstande ist, Juden kaltblütig beim Opferdienst ermorden zu lassen, den Tempelschatz zu berauben und Hunderte von Menschen ohne Prozesse hinzurichten – nur um plötzlich auf einen mosaischen Ritus zurückzugreifen, um in rabbinischer Weise eine Verantwortung abzuwehren, die nach römischem Landesrecht nur ihm allein zusteht und zu seinem Pflichtbereich gehört!? Zu dieser Händewaschung bemerkt schon Origenes in seinem Matthäuskommentar, daß eine solche Geste »nicht als römischer Brauch, sondern nur als jüdische Sitte« erklärt werden könne. Um es klarzustellen: Diese rein biblische Geste von seiten eines Erzheiden und Judenfeindes entbehrt jedweder historischen Glaubwürdigkeit!

Ähnliches gilt für die sogenannte jüdische »*Selbstverfluchung*«. Die Worte »*sein Blut komme über uns und unsere Kinder*« werden »*vom ganzen Volk*« gesprochen, wobei der griechische Text (»pas ho laos«) keinen Zweifel erlaubt, daß hier die ganze Nation der Juden die Schuld auf sich nimmt – obwohl im vorhergehenden Satz lediglich von einer »*Volksmenge*« (Mt 27, 24) die Rede ist, ein demographisches Wachstum von maximal dreitausend Seelen zu rund fünf Millionen Menschen, und das binnen zweier Zeilen. All diese Juden sollen einen Satz geschrien haben, dessen Wortlaut eindeutig die Erbschuld voraussetzt – im offensichtlichen Widerspruch zur Grundlehre des Judentums, nach der jeder einzelne nur für seine eigene Sünde einzustehen hat, so daß die Väter ihren Kindern weder Sünden noch Verdienste zu vererben mögen. In den Worten der Tora: »Die Väter sollen nicht für die Kinder noch die Kinder für die Väter sterben, sondern ein jeder soll für seine Sünde sterben« (Dt 24, 16) – eine ethische Binsenwahrheit, die auch der Prophet Ezechiel bekräftigt: »Der Sohn soll nicht tragen die Schuld des Vaters, und der Vater soll nicht tragen die Schuld des Sohnes, denn wer sündigt, der soll sterben« (Ez 18, 20).

Daß auf dem Platz vor der Burg Antonia (Joh 19, 13), wo Pilatus das Todesurteil fällte, im Maximalfall 3000 Menschen Raum finden konnten, was höchstens 2 Prozent der damaligen, durch den Pilgerzustrom vermehrten Bevölkerung Jerusalems entsprach – also wesentlich weniger als ein Tausendstel aller damals lebenden Juden – ist scheinbar bis heute für gewisse Theologen genauso belanglos wie für den griechischen Matthäus, den Tatsachen nie zu stören scheinen, wenn es um seine antijüdische Straftheologie geht. Für ungezählte Millionen von Christen, die sich jahrhundertelang berufen fühlten, diesem Fluch nachzuhelfen, um sich als seine von Gott ernannten Vollstrecker aufzuspielen, schienen die Kreuzesworte Jesu ebenso belanglos:

»*Vater, vergib ihnen* (was *alle* Schuldträger einschließen muß!), *denn sie wissen nicht, was sie tun!*« (Lk 23, 24).

Oder zählt für Christen das Geschrei einer aufgehetzten jüdischen Volksmenge mehr als der letzte Wille ihres Heilands? Offensichtlich ist das hie und da jedoch noch immer der Fall, denn wie könnten sonst etliche Christen in Oberammergau im Sommer 1970 einer ökumenischen Studiengruppe gesagt haben: »Ich fasse das als Fluch auf, den das Volk über sich ausspricht (...) die Juden sind verflucht. In dem Moment, wo sie den Christus gekreuzigt haben, in dem Moment hat sie der Herrgott verstoßen. Und sie können ihn bitten, was sie wollen – sehn Sie mal, was sie ausgehalten haben in den Konzentrationslagern – aber es hilft ihnen nichts. Die Juden sind verflucht. Der Herrgott erhört sie nicht. Sie haben keine Bleibe auf der Welt.«[25] So kann man es heute tatsächlich noch in namhaften Werken zeitgenössischer Theologen nachlesen: »Damit hat das jüdische Volk sich selbst verflucht, denn es ist das Blut seines Messias«, schreibt Joseph Schmied.[26] »Das unschuldig vergossene Blut kommt über dieses Volk, über die Täter selbst und ihre Kinder«, bestätigt Julius Schniewind.[27] »Das Volk Israel ist nicht nur an seinem Geist, es ist auch an seinem Leib gestraft«, betont Heinrich Schlier die jüdische Kollektivschuld.[28] Also gilt noch immer: »*das ganze Volk*« – von den Zeitgenossen Jesu über den heutigen Tag bis zu den noch ungeborenen Juden der Zukunft insgesamt! Diese drei schicksalsschweren Worte »das ganze Volk« kommen im Neuen Testament rund ein Dutzendmal vor, meistens in einem judenfreundlichen Sinn. Wie wenig sie wörtlich zu nehmen sind, mögen folgende Beispiele beleuchten: »*Das ganze Volk hing an ihm, wenn es Jesus hörte*« (Lk 19, 47).

»*In der Früh erschien Jesus wieder im Tempel (...) und das ganze Volk kam zu ihm*« (Joh 8, 2).

»*Das ganze Volk war von seiner Lehre überwältigt*« (Mk 9, 18).

25. Wilm Sanders, Oberammergau und die Katechese über die Juden, in Katechetische Blätter, München, 1970, S. 685 f.
26. Regensburger Neues Testament 1969, S. 371.
27. Das Neue Testament Deutsch, 1971, S. 267.
28. Zeit der Kirche, 1966, S. 241.

»*Und das ganze Volk, das Jesus hörte (...) ließ sich taufen*« (Lk 7, 29).

»*Das ganze Volk war voll Freude wegen all der großen Taten, die Jesus vollbrachte*« (Lk 13, 17).

Also – entweder oder! Wenn »*das ganze Volk*« der Juden Jesus einen begeisterten Empfang bereitete, an seinen Lippen hing und von seiner Lehre überwältigt war, kann dieses selbe Volk, in seiner Gesamtheit, für seine Kreuzigung schreien? Oder sind die Worte »das ganze Volk« eine poetische Übertreibung, die höchstens als eine beträchtliche Volksmenge zu verstehen ist – sowohl bei der Taufe im Jordan, als auch vor dem Richterstuhl des Pilatus?

Augustin Kardinal Bea neigte zur letzteren Auffassung, denn in Rom sagte er den Konzilsvätern des II. Vatikanums im Oktober 1963: »Das gesamte jüdische Volk jener Zeit zu verdammen, von dem die meisten Glieder nicht einmal von Jesus gehört hatten, wäre genauso ungerecht, als wenn man sechzig Millionen Deutsche – mich eingeschlossen – für Hitlers Verbrechen bestrafen würde.«

Nehmen wir aber an, aller historischen Plausibilität zum Trotz, daß »das ganze Volk« der Juden geschrien habe, »Sein Blut komme über uns und unsere Kinder!«, so gilt doch auch das Pauluswort: »Friede werde gestiftet durch das Blut des Kreuzes, um durch Christus *alles* Irdische und Himmlische zu versöhnen« (Kol 1, 19). Und in Eph 1, 7 wird die Botschaft bestätigt: »In Christus haben wir Erlösung durch sein Blut.« Eben diesen Sinn hervorzuheben ist auch das Anliegen des Weihegebetes von Papst Pius XI, das folgende Fürbitte für die Juden enthält. »Das Blut, das einst auf sie herabgerufen wurde, möge jetzt als Quell der Erlösung und des Lebens auch sie überströmen.« Der Papst beruft sich auf Hebr 12, 24, wo ausdrücklich betont wird, während das Blut Abels von der Erde um Vergeltung schreit (Gen 4, 10), »reinigt das Blut Jesu von allen Sünden. Es redet also lauter und besser als das Blut Abels und ruft das Heil herab.« Dazu schreibt Karl Hermann Schelkle: »Das mag ein Interpretament des Matthäus sein. Aber es ist ein sehr altes und durchaus sachgemäßes Interpretament (...) Denn das Blut Christi ist nicht Unheil, sondern Gnade und Segen.« Ja, mehr noch, »es ruft

Vergebung herab«, wie Thomas von Aquin in seinem Kommentar zu Hebr 12, 14 schreibt.«

Falls Juden eine ausschlaggebende Rolle in der Verurteilung oder Hinrichtung Jesu gehabt hätten, so müßte diese schwerwiegende Tatsache auch im apostolischen Glaubensbekenntnis zum Ausdruck kommen. Dort aber steht, er habe »*gelitten unter Pontius Pilatus*« – weder ›unter Kaiaphas‹, auch nicht ›unter den Pharisäern‹, noch ›unter den Juden‹ – wobei das griechische Wort »epi« nicht nur »unter« im chronologischen Sinne von »unter der Herrschaft von«, sondern auch »aufgrund von« bedeuten kann. So verdeutlicht steht es auch in der koptischen Übersetzung einer urchristlichen Schrift aus dem 2. Jahrhundert: »Der Herr ist dieser, der gekreuzigt ist *durch* Pontius Pilatus und Archaelaus.«[29] Auch in einer anderen altchristlichen Schrift (Constitutiones apostolorum VII, 23, 2) heißt es, daß »der Herr den Kreuzestod *durch* Pontius Pilatus erlitten hat«, eine Tatsache, die auch Tacitus (annales XV, 44) bestätigt: »Christus, der Gründer dieser Sekte (...) wurde *durch* (»per«) Pontius Pilatus als Verbrecher hingerichtet«.

Hier ist also die Antwort auf die uralte Frage zu finden, wie Pilatus ins Credo hineingekommen ist:

Die einzige historische Person nämlich, die im ältesten Credo der Kirche mit Jesu Tod unmittelbar verbunden wird, ist dieser römische Statthalter in Jerusalem – in einem Zusammenhang, der als *ursächlich* verstanden werden muß.

All dies scheint die späteren Schriftsteller der frühen Heidenkirche nicht zu bekümmern. Sie führen die schrittweise Reinwaschung des Pilatus, die in den kanonischen Evangelien begann, mit wachsendem Enthusiasmus weiter. So beteuert Pilatus in den sogenannten »Acta Pilati« den Juden, daß seine Frau eine Jüdin sei, »die Gott in Wahrheit diene mit euch zusammen«. Der Kirchenvater Tertullian erhebt hierauf Pilatus zum geheimen »Christen«, was Origenes verbessert, indem er Pilatus bekennen läßt, und zwar öffentlich, daß »Jesus der Christus sei.« Das »Evangelium Petri« geht einen Schritt weiter, indem es die lästige Verurteilung Jesu durch Pilatus vollkommen entfernt, um Hero-

29. Hennecke-Schneemelcher, Band I, S. 130

des zum Justizmörder zu machen. Der guten Sache halber läßt Pilatus hierauf die göttliche Herkunft Jesu öffentlich proklamieren. Aus dem fünften Jahrhundert stammen die »Briefe des Pilatus« an die römischen Kaiser Tiberius und Claudius, in denen er ihnen berichtet, daß »das ganze Volk der Juden bezeuge, Jesus sei der Sohn Gottes«, daß jedoch »die Juden Jesus gekreuzigt haben«, worauf Pilatus die Führer der Judenschaft unter Eid gezwungen habe, die Messianität Jesu zu bezeugen. Der Gipfel dieser redaktionellen, legendenumrankten Entfaltung und Schuldverschiebung, die keine Gelegenheit verpaßt, um »die Juden« anzuschwärzen, wird in der Staatskirche Äthiopiens erreicht, die schon im 7. Jahrhundert den Römer heiligsprach und bis heute den 25. Juni alljährlich als »Sankt-Pilatus-Tag« feiert.

Was soll man zu dieser Kette ebenso undurchsichtiger wie fahrlässiger »Geschichtskorrektur« sagen, die einen berüchtigten Massenmörder zum Tugendengel befördert, um ihm schließlich den Heiligenschein zu verleihen – nur um Jesu Brüder kollektiv und pauschal ohne Prozeß als »Gottesmörder« zu verdammen?

Das ist eine noch immer offene Frage, die hohe Priorität auf der Tagesordnung des christlich-jüdischen Dialogs erhalten sollte. Bis sie ihre biblisch-ökumenische Antwort erhält, sollte allen Beteiligten ein Spruch aus dem Neuen Testament als Motto dienen: »*Wenn einer sagt, ich liebe Gott, und er haßt seinen Bruder, so ist er ein Lügner. Denn wer seinen Bruder nicht liebt, den er gesehen hat, der kann nicht Gott lieben, den er nicht gesehen hat*« (1 Joh 4, 20)

Anmerkung

Eine historische Fußnote aus unseren Tagen möge den letzten Denkanstoß liefern. In demselben Jahr 1961, als Archäologen in Caesarea die erste Inschrift mit dem Namen des Pilatus entdeckten, sagte Adolf Eichmann, der Architekt von Hitlers »Endlösung«, vor dem Gericht in Jerusalem in bezug auf die Wannseekonferenz, wo die Vernichtung der Juden Europas beschlossen wurde:

»In dem Augenblick hatte ich eine Art Pilatussche Zufriedenheit in mir verspürt; denn ich fühlte mich bar jeder Schuld. Hier auf der Wannseekonferenz sprach nur die Prominenz des damaligen Reiches. Es befahlen die Päpste – ich hatte zu gehorchen.« Jeder Kommentar erübrigt sich.

Acht Antworten auf die Schuldfrage

Im Dezember 1949 wandte sich eine Gruppe christlicher Theologen aus verschiedenen Ländern Europas an den Obersten Gerichtshof in Jerusalem mit der Bitte um eine amtliche Wiederaufnahme auf höchster Instanz eines längst verjährten Prozesses aus dem Altertum. Das Anliegen der wohlmeinenden Antragsteller schien einleuchtend: Da das jüdische Volk endlich wieder seine souveräne Gerichtsbarkeit zurückgewonnen habe, sei nun die historische Stunde gekommen, den Prozeß gegen Jesus von Nazareth einer endgültigen Revision zu unterziehen. In seiner Antwort erklärte der Gerichtshof Israels, daß das spärliche, historisch zuverlässige Material die Annahme eines jüdischen Prozesses nicht zu erhärten vermag, wohl aber einstimmig auf ein römisch-militärisches Schnellverfahren hinweise. Die Richter in Jerusalem erklärten sich daher als nicht zuständig, schlugen aber vor, die Theologen mögen sich an die italienischen Justizbehörden in Rom wenden, die ihnen vielleicht − als legales Nachfolgeorgan des Pontius Pilatus − behilflich sein könnten.

Im Dezember 1974 kam es in der nordfranzösischen Stadt Troyes zu einem »Zweiten Prozeß Jesu«, wie die Presse es zu nennen beliebte. Der jüdische Anwalt Jacques Isorni hatte in einem Buch Pilatus und die römischen Behörden als die Alleinschuldigen am Tode Jesu erklärt, worauf der katholische Priester Georges de Nantes den Autor als »israelischen Agenten und Geschichtsfälscher« bezeichnete, da die jüdischen Richter des Synhedrions »genau gewußt haben mußten, daß er der Sohn Gottes gewesen sei.«

»Jeder Jude«, so fügte der Priester hinzu, der »auch heute noch seinem Glauben« nicht entsage, sei »deshalb mitschuldig am Gottesmord«. Das französische Gericht weigerte sich, auf historische und theologische Fragen einzugehen und entschied nur, der

Geistliche habe den Advokaten beleidigt – wofür er zu einer Geldbuße von einem Franken verurteilt wurde.

Was die Reaktion der Richter in Jerusalem und in Troyes beweisen, sind vor allem die drei Eigenschaften, die diese brisante Angelegenheit bis heute charakterisieren: Trotz seiner Kürze von wenigen Stunden handelt es sich um den längsten Prozeß der Weltgeschichte. Seine Folgen haben noch immer nicht aufgehört, Haß zwischen Christen und Juden zu säen. Und nicht zuletzt: Er bleibt bis heute weitgehend umstritten. Vor allem aber ist es die uralte Schuldfrage, die noch immer nicht verstummen will: Wer war schuld daran, daß dieser Jesus von Nazareth in der Blüte seiner Jahre so elend am Kreuze verbluten mußte? Es ist unheimlich, wie viele Zeigefinger sich im Laufe der Kirchengeschichte erhoben haben, um auf alle möglichen Schuld-Träger hinzuweisen: auf Judas, auf die Pharisäer, auf Kaiaphas, aber vor allem: *auf die Juden insgesamt in Bausch und Bogen.*

Doch da ist einer aus dem inneren Kreis der Jünger Jesu, der vor seiner eigenen Schuld erschrak, noch ehe der Prozeß Jesu zu Ende war. *»Er ging hinaus und weinte bitterlich«* (Lk 22, 62), so heißt es von Petrus, der seinen Herrn dreimal verleugnet hatte. Gewiß, er selbst hatte keine Hand gegen Jesus erhoben, aber in seiner verständlichen Ängstlichkeit hatte er einfach versagt – wie alle zwölf Apostel insgesamt. Und dennoch meinen die Evangelisten, Petrus habe die Schuldfrage richtig beantwortet, als er eindeutig zugab: Ich bin mitschuldig – ohne die billige Ausflucht: Aber andere noch viel mehr! Ist dieses Geständnis der eigenen Schuld vielleicht der Grund, warum Jesus auf ihn seine Gemeinde aufbauen wollte? Ein Versager, der Mitschuld am Kreuz trägt – aber Buße tut und keine Sündenböcke sucht! Der wird zum Gründer der Kirche und zum ersten Papst.

Ein weiterer Denkanstoß liegt wohl in der Tatsache, daß es nach Ostern weder zu einem flammenden Jüngerprotest gegen Judas noch gegen die Pharisäer oder gar gegen den Hohen Rat kam, sondern daß wir vielmehr alle Apostel wiederum im Tempelhof finden – also im Bereich des Hohepriesters, wo sie öffentlich verkündigen, daß Jesus für die Schuld *aller* gestorben sei. Wäre das nicht auch eine Überlegung wert? Doch wir wollen tiefer schürfen: In unserer Suche nach einer Lösung des sogenannten

Schuldproblems müssen wir feststellen, daß es acht mögliche Antworten gibt, die sich allesamt auf das Neue Testament berufen – meistens nur, um diejenigen Stellen herauszuklauben, die ihre Hypothese am besten zu untermauern scheinen. Die klassische Antwort des christlichen Altertums, des Mittelalters und allzu vieler Christen bis auf den heutigen Tag lautet kurz und bündig: Die Juden sind schuld!

Doch nicht um Brudermord, Prophetenmord oder Justizmord ging es den frischgetauften Heiden der Frühkirche bei dieser Pauschalanklage, sondern um ein so verruchtes Verbrechen, daß die Kirchenväter ein besonderes Wort dafür prägen mußten, um es zu beschreiben: »Theoktonia«, auf lateinisch »Deicidium«, also »Gottesmord«. Wie leicht es ist, diese blasphemische Vokabel in ein Instrument der Hetzjagd und der Gehässigkeit umzuschmieden, bewies bereits Melito, der Bischof von Sardes, der um 160 in seiner Kirche folgende Predigt hielt: »Hört es, alle Geschlechter der Völker, und seht es: Ein niegewesener Mord geschah in Jerusalem, in der Stadt des Gesetzes, in der hebräischen Stadt (...) in der Stadt, die als gerecht angesehen wurde! (...) Er, welcher die Erde aufgehängt hat, ist selbst aufgehängt worden; er, der die Himmel anheftete, ist angeheftet worden; er, der das All festgemacht hat, ist am Holze festgemacht worden (...) Gott ist getötet, der König Israels ist durch Israels rechte Hand umgebracht worden!« So hieß es in seiner Homilie »vom Passah« über die »Schlachtung des Herrn«, wie er es nennt.

Der »Gottesmord« als Fachausdruck fand schnellen Eingang in die Schriften der Kirchen-Theologen, von denen sich offenbar niemand die Mühe nahm, die lästerlichen Implikationen dieses Begriffes durchzudenken: »Außerdem sind die Juden seit dem von ihnen begangenen Gottesmord blind und verstockt, und es ist nicht möglich, daß sie irgend jemandem als Führer dienen können.« So läßt der Kirchenhistoriker Euseb den ersten christlichen Kaiser Konstantin in seiner Rede vor dem Konzil von Nicäa proklamieren. Von nun an nährt die grausame Legende alle Quellen des »christlichen« Anti-Judaismus und scheint die unflätigsten Haßausbrüche zu rechtfertigen.

So sind für den hl. Ephraem die Juden »beschnittene Hunde«, der hl. Hieronymus spricht von »jüdischen Schlangen«, die »in

Judas ihr Ebenbild haben«, der hl. Gregor von Nyassa geißelt sie als »ruchlose Mörder des Herrn«, Johannes Chrysostomos macht seinem Namen »Goldmund« alle Ehre: »Die Synagoge ist (...) ein Hurenhaus, ein Seelenverderb, eine Lasterstätte, das Teufelsasyl, die Satansburg, die Versammlung der Christusmörder«, so geifert der Heilige und beendet seinen Sündenkatalog mit drei Worten, die bald zum Leitmotiv der mittelalterlichen Denkweise über die Juden werden sollten: »Gott haßt Euch!« – wobei es bald zur frommen Christenpflicht wurde, mitzuhassen und sich selbst zu Gottes Strafvollzieher aufzuspielen.

Die Mord-und-Fluch-Theologie der Kirchenväter, die später auch von der Reformation und weit in die Neuzeit übernommen wurde, kann in ihren wesentlichen Zügen folgendermaßen zusamengefaßt werden: Da die Juden Jesus »nach dem Fleische« hervorgebracht hatten, Jesus sein Leben lang als Jude unter Juden lebte und seine Brüder ihn dennoch »verstoßen« hatten, mußte dieser Widerspruch irgendwie versöhnt werden. Die Lösung war nach kurzer Überlegung ganz einfach: Nach dem Heilsplan Gottes wurde Jesus als Mensch geboren, um von den Kräften des Bösen umgebracht zu werden. Um seine messianische Aufgabe zu erfüllen, mußte Jesus von Nazareth abgelehnt und gekreuzigt werden – und »die Juden«, die dies vollbrachten, taten den Willen Satans, dessen Kinder (Joh 8, 44) sie ja sind.

Um Jesu göttliches Heldentum zur vollen Geltung zu bringen, bedarf es, wie in jedem wirksamen Drama, eines Gegenspielers: »die Juden«, die sowohl unendlich böse als auch magisch mächtig sind – mit einem Wort: abscheulich. Und von Euseb, dem ersten Kirchengeschichtler, an gilt es als ausgemachte Sache, daß die Zerstörung Jerusalems, die Zerstreuung der Juden, ihre Vertreibung aus ihrer Heimat und das Elend ihrer Lebensumstände, das die Kirche mit allen Machtmitteln zu erwirken und zu fördern wußte, nichts anderes waren als die gerechte »Strafe Gottes« für jene Mordtat in Jerusalem.

Der Mythos vom »Gottesmord« ließ nur allzu bald zwei andere Fabeln der fruchtbaren Phantasie des mittelalterlichen Europas entsprießen. Am Abend des Osterfestes 1144 wurde der Körper eines Knaben namens William in einem Walde bei der Stadt Norwich in England gefunden. Es scheint, daß er einem kataleptischen Anfall erlegen war. Aber wie ein Lauffeuer breitete sich das Gerücht aus, zwei Tage zuvor hätten ihn die Juden umgebracht, »um die Passion Christi zu verspotten« und ihr Passahfest »würdig« zu begehen. Zweck des Verbrechens sei es gewesen, so hieß es bald darauf in den Klosterurkunden, Christenblut zu erlangen, damit die Mazzen richtig zubereitet würden oder sonst irgendein anderer Passahzauber vonstatten gehen könne. Nun hätte man an und für sich erwarten können, daß das den Juden durch das mosaische Gesetz auferlegte Verbot des Blutgenusses − und sei es auch nur ein einziger Tropfen auf einem Ei − ausgereicht hätte, um die offenkundige Absurdität dieser Erzählung zu entlarven, selbst wenn man die Juden der Gewöhnung an das Morden für fähig hielt. Fürsten, Könige und Kaiser verurteilten die Legende dann auch, sechs Päpste belegten sie mit dem Bannfluch, Gelehrte widerlegten sie wissenschaftlich, der gesunde Menschenverstand lehnte sie ab. Da sie sich jedoch von der Anklage des »Gottesmordes« nähren konnte, gewann die Lüge an Gewicht und forderte so schließlich einen schweren Blutzoll jüdischen Lebens durch sieben Jahrhunderte hindurch. Man rechnet mit der Ausrottung von 114 jüdischen Gemeinden in ganz Europa aufgrund dieser »Ritualmordlegende«, die bis ins zwanzigste Jahrhundert hinein wucherte.

Als am 1. Juli 1946 der achtjährige Henryk Blaszczyk aus dem Hause seiner Eltern in der polnischen Stadt Kielce verschwand, wurde im Nu das Gerücht verbreitet, »die Juden« hätten ihn umgebracht. In der Folge wurden am 4. Juli 1946 zweiundvierzig Überlebende der Konzentrationslager von einem wutentbrannten Mob mit Röhren, Zaunstäben und Ziegelsteinen totgeschlagen. Am 4. Juli 1946 verbreitete die polnische Presseagentur PAP folgende Mitteilung: »Am 1. Juli versteckte Pajovsky Antony den Buben Henryk B. in seiner Wohnung und hat ihn nach zwei Tagen wieder freigelassen. Wie der Kleine gestand, hat man ihm zwei Tage lang eingeschärft, er möge erzählen, daß Juden ihn festgehalten hatten, um ihn umzubringen.«

Nachdem im Jahre 1215 das Dogma von der Transsubstantiation promulgiert worden war, ergab sich ein weiterer Vorwand für Judenverfolgungen. Man erzählte sich, daß die Juden von Zeit zu Zeit ein Stück der konsekrierten Hostie an sich zu bringen suchten, an der sie die Todesqualen Christi noch einmal vollzogen, und zwar indem sie sie mit Messern durchstachen oder ihr andere Torturen mit Scheren, Nägeln und Hämmern zufügten. Diese ungeheuerliche Schandtat sei dadurch ans Licht gekommen, daß eine Oblate faktisch Blutstropfen vergossen habe. Diese Anklage ist tatsächlich noch sinnloser – wenn das möglich ist – als die Anklage des Ritualmordes, denn sie setzt ja einen Grad des Glaubens an die konsekrierten Elemente voraus, die für jeden Nichtchristen, insbesondere aber für einen Juden unmöglich ist.

Doch was konnte schlichte Logik gegen das Unding des »Gottesmordes« ausrichten? Wer imstande war, solche eine unfaßbar teuflische Bluttat zu begehen, so folgerten die breiten Massen in ganz Europa, für den waren doch Dinge wie Ritualmord, Brunnenvergiftung, Pestverbreitung und Hostienfrevel ein reines Kinderspiel.

»Der Rabbi ist unschuldig!« Mit diesen Worten versuchte ein wohlmeinender Kleriker in Beelitz bei Berlin im Jahre 1243 das Oberhaupt der örtlichen Synagogengemeinde zu verteidigen. »Ruhe!« donnerte ein Franziskanerprediger: »Haben sie nicht auch unseren Herrn gekreuzigt?« Daraufhin wurden die Beelitzer Juden auf dem Scheiterhaufen verbrannt. Analoge Vorgänge – und in ihrer Begleitung Gewalttaten, Blutvergießen sowie Ausweisung – brachen wiederholt über ganz Europa herein und fanden ihren Höhepunkt in »Causes Célèbres«, an die man noch heute erinnert: Fulda 1235; Paris 1290, Brüssel 1370, Endingen 1462; im Rheinland 1834 ... Die Liste ist zu lang, die Lügen zu empörend, ihre Wirkung zu verheerend, um den vollen Mordkatalog aufzuzählen.

Das religiöse Bild des Juden als »Christusmörder« wurde im 19. Jahrhundert mühelos säkularisiert. Im wirtschaftlichen Bereich wurde er zum »Schacherjuden«, zum Mammonanbeter und zum »Wucherer« – wobei der Wucherer, als ursprüngliches Synonym für Zins erst als Deckname für jüdische Geldverleiher seine negative Bedeutung erhielt. Verdrängt wurde dabei die Tatsache, daß es die mittelalterliche Kirche war, die die Juden ins Zinsgeschäft hineingezwungen hat. Im politischen Bereich galt er als heimatloser »Ahasver« (von Gott angeblich zum ewigen Wandern verdammt), der kein wahres Vaterland kennt, wie der berüchtigte Dreyfuss-Prozeß beweisen sollte, und daher nirgends als Patriot anerkannt werden kann. Im Zuge der zaristischen Schmähschrift der »Protokolle der Weisen von Zion« wurde er zum Drahtzieher einer weltweiten Verschwörung, der als Sündenbock und Prügelknabe für alle verlorenen Kriege sowie für kommunistische Revolutionen und kapitalistische Ausbeutung herhalten mußte. Im 20. Jahrhundert gesellte sich zu diesen Animositäten der pseudowissenschaftliche Rassenwahn, der behauptete, der Jude sei ein minderwertiger »Untermensch«.

Diese schrittweise Verteufelung konnte nur auf dem Mutterboden eines »christlichen« Antijudaismus Fuß fassen und gedeihen.

Kurzum: In einem auf den Juden Jesus getauften Europa wurde »der Jude« als Kristallisation aller Feindbilder zum Ausbund der Abscheulichkeit. Wenn diese Entmenschung dann im Dritten Reich zum Judenbild des »Parasiten«, des »Volksschädlings« und des »Kartoffelkäfers« gipfeln konnte, so lag bald der Gedanke nahe, solches »Ungeziefer« durch Gas zu vernichten. Leider wirken so manche dieser Vorurteile und Feindbilder, im Sprichwort, in den Medien und in der Volksfrömmigkeit als Folgen der Gottesmordverleumdung auch in nachchristlichen Gesellschaften, Ost wie West, noch immer nach.

»Israel ist der Jesus unter den Völkern«, so schrieb anno 1945 der katholische Schriftsteller Jacques Maritain, »und die jüdische Diaspora inmitten der Christenheit ist eine einzige Via Dolorosa.« Daß Maritains Feststellung keine poetische Übertreibung ist, bezeugen zuverlässige Historiker, die die Gesamtzahl der von christlicher Hand vom IV. Jahrhundert bis 1925 getöteten Juden auf sieben Millionen schätzen — mehr, als Hitler in den Tod zu schicken vermochte. Wer die Zusammenhänge zwischen dem kirchlichen Antijudaismus und dem neuheidnischen Antisemitismus des Dritten Reiches bezweifelt, möge vernehmen, was Dekan Rudolf Pfisterer in seinem Buch »Im Schatten des Kreuzes« zu berichten hat:

»Im Ghetto von Wilna gab es einen Juden, den die SS-Wachmannschaft zum Spott ›Jud Jesus‹ nannte. Eines Tages ergriffen sie ihn, zerschunden ihm sein Haupt mit einer Krone aus Stacheldraht und kreuzigten ihn dann am Lagertor.«

Fünfzehn Jahre später – anno 1958 – heißt es im Buche des evangelischen Dekans: »Beim Ulmer Einsatzkommandoprozeß – der erste Prozeß vor deutschen Richtern – wurde ein Pfarrer aus der Stadt, in der sich diese Greuel gegen die Juden abspielten, gefragt, warum er denn nichts gegen die Massenerschießungen der Juden gesagt oder unternommen habe. Nach längerem Zögern erfolgt die Antwort, er habe gemeint, es geschehe den Juden recht, da sich jetzt an ihnen das Wort erfülle: ›Sein Blut komme über uns und unsere Kinder!‹ (Mt 27, 25)«

Noch aufregender in seinen Implikationen ist »Das Wort zur Judenfrage«, das der Bruderrat der Evangelischen Kirche in Deutschland am 8. April 1948 veröffentlichte. Im Kernstück dieser Erklärung, an der die führenden Persönlichkeiten der Bekennenden Kirche beteiligt waren, wird in Anspielung auf Auschwitz gesagt: »Daß Gottes Gericht Israel in der Verwerfung bis heute nachfolgt, ist Zeichen Seiner Langmut.« »Was für ein Gott ist er, der sechs Millionen Menschen auf grausamste Weise dafür ermorden läßt, daß vor 1900 Jahren einige Intriganten eine Volksmenge in Jerusalem aufhetzten, um einen Justizmord zu fordern?« So fragt Helmut Gollwitzer und fährt fort: »Gleicht er nicht eher der blutrünstigen Nemesis der Griechen oder dem Wotan der Germanen, als dem Gott Israels und dem Vater Jesu Christi? Und was für eine Theologie ist das, die das sowohl im Alten (Hiob 42, 7 ff.) als auch im Neuen Testament (Joh 9, 1 ff.) verworfene Vergeltungsprinzip ausgerechnet gegen das Volk Gottes in Anwendung bringt? Und warum legt die Kirche das Kreuz, das sie selbst nicht tragen will, auf Jesu Brüder, um sie zum ›Sündenbock‹ für das ›Lamm Gottes‹ zu machen? Ist es nicht ein Zeichen für Gottes Langmut, daß Er solch eine Heuchelkirche noch immer nicht verworfen hat?« »Große Männer, große Frauen vieler Völker sind von ihren eigenen Volksgenossen angeklagt, zu Tode verurteilt und hingerichtet worden – zu Unrecht, wie es einem späteren Geschlecht erschien. Es waren Griechen, die den Griechen Sokrates verurteilten und ihm den Schierlingsbecher reichten. Perser haben den Perser Mani, den Stifter des Manichäismus, ans Kreuz geschlagen. Ein aus französischen Katholiken bestehender

Gerichtshof sprach die französische Katholikin Johanna von Orleans schuldig, und Franzosen waren unter jenen, die ihren Scheiterhaufen anzündeten. Niemand beschuldigt heute die Griechen des Justizmordes an Sokrates; niemand macht das persische Volk für den Tod Manis verantwortlich; keinem Christen fällt es ein, die Schuld an der Verbrennung der Jungfrau von Orleans dem französischen Volk aufzuladen. Es gibt nur einen Fall in der Weltgeschichte, unter den vielen bewegenden Prozessen nur einen Prozeß, der noch lange, nachdem das Urteil gefällt und vollzogen wurde, den Ruf auslöst nach der Verantwortung eines ganzen Volkes für den Tod eines einzelnen, eines Mannes der diesem Volk entstammte.«[30]

Kurzum: Die den Juden aufgebürdete Kollektivschuld am Tode Jesu entbehrt zwar jedweder historischer Grundlage, kann aber bis heute ihre Zählebigkeit unter Beweis stellen.

»Genauso wie wir nicht wegleugnen, daß Hitler Millionen von Juden vernichtet hat«, so heißt es im »Oberammergauer Report 1970«, der anno 1971 in Bayern erschien, »genauso wenig können Juden wegleugnen, daß sie Christus ans Kreuz genagelt haben.« Und im »Pfälzischen Pfarrblatt« vom Dezember 1984 schreibt Pfarrer Paul Schenk: »Biblisch-historisch gesehen, nach den übereinstimmenden, ausführlichen Berichten der vier Evangelien, trägt allein das jüdische Volk die Schuld am Kreuzigungstod Jesu.«[31] All diejenigen, die sich bei dieser Anklage auf den wörtlichen Evangelientext berufen: »So steht es ja geschrieben!« oder »So haben wir es in der Schule gelernt!«, können sich auf Professor Ulrich Wilckens (jetzt Landesbischof in Lübeck) berufen, der die Tendenz eines eindeutigen Antijudaismus in den Evangelien durchaus zugibt, aber hinzufügt: »Weil sich das Christentum (...) aus jüdischen Glaubensüberlieferungen herausgebildet und gegen dieses sein eigenes Profil gewonnen hat, sind die antijudaistischen Motive im Neuen Testament *christlich-theologisch essentiell.*«[32] Wer als Jude solche Aussagen zu lesen bekommt – eine Generation nach der »Endlösung« Hitlers, der

30. P. Winkler, Zum Prozeß Jesu, in: W. P. Eckert u. a. (Hg.), Antijudaismus im Neuen Testament. München 1967, S. 103f.
31. a. a. O., S. 193.
32. Das Neue Testament und die Juden, in: Evangelische Theologie, Jahrgang 34, 1974, S. 611.

muß sich fragen: Ist Antijudaismus ein wesentlicher Bestandteil des Christentums? Kann die Frohbotschaft der Christusliebe überhaupt gepredigt werden, ohne die Drohbotschaft des Judenhasses mitzuverkündigen? Warum werden die Juden so häufig − fälschlich − angeklagt, Jesus umgebracht zu haben und so selten − zu Recht − bezichtigt, die Kirche und das Christentum hervorgebracht zu haben?

Müssen Jesusliebe und Judenhaß auf ewig zu einem bibelwidrigen Zweigespann zusammengejocht bleiben?

Auf solche Gegenfragen bezieht sich *die zweite Antwort* auf die leidige Schuldfrage, die jüdische Apologeten seit rund einem Jahrhundert bringen. Sie lautet: Die Römer haben ihn ermordet − und sonst keiner. Und in der Tat, wer gewillt ist, die Evangelienberichte ihres polemischen Überbaus zu entkleiden, kann kaum umhin, folgendes Tatsachengerüst wahrzunehmen: Die Verhaftung Jesu wurde von römischen Truppen befehligt (Mk 14, 43); es war römisches Recht − die Lex Julia Majestatis −, das bei Jesus angewandt wurde, nur der römische Landpfleger besaß die Kompetenz, wie Johannes betont, ihn zu Tode zu verurteilen, was er tat, obwohl er wußte, daß Jesus unschuldig war (Lk 23, 4 et par); die sadistisch-brutale Art der Hinrichtung war römisch und dem jüdischen Strafrecht unbekannt; genau wie es römische Soldaten waren, die Jesu blutenden Körper auspeitschten, ihn − und mit ihm sein ganzes Volk − als angespieenen, gedemütigten und dornengekrönten ›Judenkönig‹ verhöhnten, um schließlich seine Glieder an ein römisches Kreuz anzunageln.

Aber Juden waren es, die »*als große Masse Volkes*« folgten (Lk 23, 27), als ihr Landsmann den Hügel Golgotha erstieg; Jüdinnen versuchten, seine Qualen mit einem Betäubungstrank zu lindern (Mk 15, 23); jüdisch waren ebenso die Frauen, »*die ihn beweinten und beklagten*« (Lk 23, 27), wie auch die Volksmassen, die sich trauernd »*an die Brust schlugen*« (Lk 23, 48) − und zwei jüdische Schicksalsgefährten teilten sein Los, als er verschied (Mk 15, 27). Ebenso waren es Juden, die den toten Jesus liebevoll vom Kreuz abnahmen, um ihm ein würdiges jüdisches Begräbnis zuteil werden zu lassen. (Lk 23, 50 ff.) Schließlich waren es Juden − und keine anderen − die als erste seine Frohbotschaft predigten; ausschließlich Juden und Jüdinnen erschien er als Auferstandener, und lediglich Juden waren es, die die ersten Kirchen gegründet haben.

Ob vor dem römischen Prozeß ein jüdisches Vorverhör stattfand, wie Lukas es berichtet; ob Jesus vor den Hohepriestern überhaupt erscheinen mußte; ob die Pharisäer zu seinen Gegnern zählten, was zu bezweifeln ist; oder ob es lediglich *einige* der Sadduzäer waren, die ihn bei Pilatus anklagten – all dies mag umstritten sein. Was jedoch über jeden Zweifel erhaben bleibt, ist, daß es nur ein Teil der jüdischen Obrigkeit war, die mit dem verhaßten Heidentyrannen kollaborierten, *»Eure Führer, die aus Unwissenheit handeln«*, wie Petrus sagt (Apg 3, 17); *»die Herrscher dieser Welt«* (I Kor 2, 8), wie Paulus sie anprangert (was ganz unzweideutig auf die römische Obrigkeit hinweist) – und zwar *gegen* den Willen des jüdischen Volkes, *ohne* sein Zutun, und *aus Furcht* vor den jüdischen Volksmengen, die Jesus in ihrer überwiegenden Mehrheit Wohlwollen, Bewunderung und Zuneigung bekundeten. All diese Tatsachen lassen sich ebenso dem Neuen Testament entnehmen.

Eine dritte Antwort auf die Schuldfrage, historisch geprägt und nuancierter, besagt folgendes: Alle neutestamentlichen Autoren sind sich zunächst einmal über die Hauptschuldigen am Tode Jesu einig: *»Ihr Reichen habt den Gerechten verurteilt und ermordet!«* So lautet die Anklage im Jakobusbrief (5, 6).

»Über uns bringen wollt ihr das Blut dieses Menschen«, so tönt das getreue Echo aus dem Munde des Hohepriesters in der Apostelgeschichte (5, 28). Und daß im Kreise der sadduzäischen Priesterfamilien befürchtet worden sei, wenn man die messianische Bewegung um Jesus weiterwachsen lasse, »so werden die Römer kommen und uns den Ort (das heißt den Tempel) und das Volk wegnehmen« (Joh 11, 48), das bestätigt das vierte Evangelium in glaubwürdigen Worten. Die Sadduzäer bildeten die Gruppe der hohepriesterlichen Aristokratie, rund 30 Familien, die sich vom gemeinen Volk distanzierten, jedoch bereitwillig mit den Römern kollaborierten, um ihre politische Machtstellung zu untermauern und die Vorteile zu sichern, die sie als Hüter des Tempels besaßen.

Im Synhedrion, das zur Zeit von Jesu letztem Aufenthalt in Jerusalem amtierte, stellten die Sadduzäer den Hohepriester; die

Partei der Pharisäer hingegen die Mehrheit aller Richter. Annas, in dessen Haus Jesus nach seiner Gefangennahme »zuerst geführt wurde«, (Joh 18, 12), war 15 Jahre zuvor von Valerius Gratus, dem Vorgänger des Pilatus, seines Amtes enthoben worden. Seit dem Tode des Herodes wurde der Hohepriester nicht mehr auf Lebenszeit gewählt, sondern von den römischen Landpflegern nach Belieben ernannt oder abberufen, was stets mit beträchtlichen Bestechungsgeldern verbunden war. Im Talmud lesen wir: »Und da man Geld zahlte, um Hohepriester zu werden, pflegten sie die Landpfleger alle zwölf Monate abzusetzen.« (Joma 8 b) Da Joseph Ben Kaiapha, der Schwiegersohn des Annas (Joh 18, 13 f.), ungefähr 18 Jahre lang (18—36 n. Chr.) Hohepriester bleiben konnte, muß er ein sehr geschickter Diplomat gewesen sein, der sowohl mit dem Volk als auch mit seinen pharisäischen Gegnern, aber vor allem mit den römischen Statthaltern umzugehen wußte.

Die Sadduzäer hielten sich einzig und allein an die Torah, verwarfen die von den Pharisäern bevorzugte mündliche Auslegung der Bibel und glaubten nicht an die Auferstehung der Toten.

Ihr Einfluß auf die Bevölkerung war sehr gering, und als geschlossene Kaste, die nur unter sich verkehrte, waren sie unbeliebt, ja, von vielen Juden als »Römlinge« verachtet. Im Talmud ist uns der Text einer Art Gassenhauer aus jener Zeit bewahrt, in dem mit Spott und Abscheu von ihrem Hochmut, ihren »Knüppeln« und ihrer Vetternwirtschaft gesungen wurde:

»Wehe mir vor dem Haus des Boethus,
Weh' mir vor ihren Knüppeln!
Wehe ist mir vor dem Haus des Annas,
Weh' ist mir vor ihren Verleumdungen!
Weh' ist mir vor dem Haus des Kathros,
Wehe mir vor ihren Angebereien (...)
Denn sie sind Hohepriester; und ihre Söhne Schatzmeister; ihre Schwiegersöhne Inspektoren, und ihre Diener schlagen das Volk mit Stöcken!« (Pessachim 57 a).

Vor diesem Hintergrund gewinnen die Berichte von den Geschehnissen an jenem Passahfest in Jerusalem neue Glaubwürdigkeit, und so ist es auch unabhängig vom Inspirationsglauben historisch einleuchtend: Wenn später im Jahre 70 des ersten

Jahrhunderts die romfreundliche Sadduzäeraristokratie von etwa 60 Mann von dem jüdischen Befreiungskampf gegen Rom hinweggefegt worden ist, so mußte sie solches bereits ein Menschenalter zuvor befürchten und sich im elementarsten Selbsterhaltungsinteresse gegen die möglichen Anfänge solchen messianischen Aufruhrs zur Wehr setzen. Was immer Jesus selbst auch wollen mochte, allein die um ihn herum aufflammende messianische Bewegung genügte bereits zur äußersten Alarmierung der auf Pulverfässern sitzenden Priesterfamilien in Jerusalem anno 33.

So waren es also einige Sadduzäer, die ihn an die Römer auslieferten — nicht aus »Gehässigkeit« noch aus »Neid«, sondern aus verständlich politischem Verantwortungsgefühl und der völlig berechtigten Furcht vor einem römischen Blutbad, das schon des öftern messianische Erhebungen im damaligen Jerusalem mit brutaler Grausamkeit im Keim erstickt hatte.

Der Zeitpunkt der Passion war ja »die Zeit unserer Befreiung«, wie das Pessachfest in der Bibel heißt, da ganz Israel sieben Tage lang der Rettertat Gottes beim Auszug aus der Knechtschaft gedenkt und die messianische Erwartung des Volkes ihren alljährlichen Höhepunkt erreicht. »In dieser Nacht wurden wir einst errettet«, so heißt es in einer alten rabbinischen Überlieferung, »und in dieser Nacht werden wir erlöst werden« (Mechilta zu Ex 12, 42).

Kein Wunder, daß das Römerjoch zur Zeit des Befreiungsfestes viel schwerer auf dem Nacken der Juden wog, was dazu führte, daß Jahr für Jahr messianische Unruhen auszubrechen pflegten. Auch im Jahr der Passion, wie »*der Aufruhr* und »*die Aufrührer*« bestätigen, von denen Markus (15, 7) uns berichtet.

Aus diesem Grund pflegte Pilatus geraume Zeit vor jedem Pessachfest seine Besatzungsmacht in Jerusalem wesentlich zu verstärken, um den Erlösungsdurstigen unter den Tausenden von Festpilgern, die in die heilige Stadt zu Pessach kamen, von »theopolitischen« Gewaltstreichen abzuraten oder um Erhebungen sofort im Keim zu ersticken.

Vor diesem spannungsreichen Hintergrund müssen wir den Bericht im Johannesevangelium lesen: »*Da versammelten sich die Hohepriester (...) zu einer Sitzung des Hohen Rates und sagten: Was sollen wir tun? Dieser Mensch (Jesus) tut viele Zeichen. Wenn*

*wir ihn so weitermachen lassen, werden alle an ihn glauben, und
dann kommen die Römer und nehmen uns den Tempel und das
Volk weg (...) Da sagt Kaiaphas, der in jenem Jahre das Hoheprie-
steramt innehatte, zu ihnen: (...) Es ist besser, daß ein einzelner
Mensch für das Volk stirbt, als daß das ganze Volk zugrunde geht«*
(Joh 11, 47–53)

Unter »Männern, die viele Zeichen tun«, verstand Kaiaphas jene
»Endzeitbedränger«, wie sie in der jüdischen Überlieferung heißen, denen es während der drei Jahrhunderte (168 v. Chr. –135
n. Chr.) gelang, dank ihrer ansteckenden messianischen Naher-
wartung nicht weniger als zweiundsechzig Aufstände und Rebel-
lionen gegen die Fremdherrschaft in Galiläa und Judäa zu entfa-
chen. Es handelt sich dabei ausnahmslos um Befreiungsbewegun-
gen, deren politische Zielsetzungen unzertrennlich mit apokalyp-
tischen Hoffnungen verquickt waren, die aber immer wieder
durch die heidnische Besatzungsmacht – zuerst der Griechen,
dann der Römer – durch brutale Strafaktionen niedergeschlagen
wurden. So zum Beispiel wurde im Jahre 47 v. Chr. ein »Räuberhauptmann« namens Ezechias von Herodes samt seiner »Bande«
in Galiläa hingerichtet. Vierzig Jahre später griffen zahlreiche
Galiläer unter der Führung von Ezechias' Sohn »Judas der Galiläer« zu den Waffen, da sie behaupteten, es sei ein Frevel, wenn
Juden »nächst Gott auch Sterbliche (Römer) als ihre Herren
duldeten« (Josephus, Der Jüdische Krieg II, 8, 1).

Judas der Galiläer teilte das bittere Schicksal Jesu schon im
Aufstand des Jahres 6 n. Chr., während seine Söhne Jakobus und
Simon – die dritte Generation von gläubigen Widerstandskämp-
fern – um 46 n. Chr. vom Statthalter Tiberius Alexander als
»Räuber« gekreuzigt wurden.[33] Nicht viel besser erging es dem
Aufrührer Theudas (Apg 5, 36 ff.), dem jüdischen Propheten
aus Ägypten« (Apg 21, 38), Eleasar Ben Dinseus[34] und einer
Reihe von anderen Eiferern, die aus sadduzäischer Sicht »das
Volk dazu verführten« (Lk 23, 2), jenen aussichtslosen Kampf
gegen Rom vom Zaun zu brechen, der letztlich in der katastro-
phalen Niederlage des Jahres 70 endete, als die Römer in der Tat

33. Josephus, Altertümer 20, 5, 2.
34. Jüdischer Krieg II, 13, 2.

»kamen und ihnen den Tempel und das Volk wegnahmen« (Joh 11, 48).

Die Sadduzäer hingegen vertraten eine pragmatische Realpolitik, die sich mit relativer Autonomie und Religionsfreiheit begnügte, wie sie der Priesterfreund und Pragmatiker Josephus Flavius in einer Rede an die Einwohner Jerusalems mit folgenden Worten beschreibt: »Die Römer verlangen nichts als den gewöhnlichen Tribut, den unsere Väter ihren Vätern stets gezahlt haben, und wenn sie diesen bekommen, wollen sie weder die Stadt verheeren, noch das Heiligtum anrühren. Vielmehr gewähren sie Euch alles, was sonst noch in Frage kommt: die Freiheit eurer Familien und die unbeschränkte Verfügung über den Besitz und den Schutz der heiligen Gesetze.«[35] Wir dürfen annehmen, daß es Kaiaphas um die Wahrung der so beschriebenen Freiheit bei in Kauf genommener politischen Unterordnung unter Rom ging, als er zur Preisgabe Jesu riet. Daß er dabei anzunehmen bereit war, daß Jesus selbst unschuldig war, bezeugt die Tatsache, daß er von ihm als »einem einzelnen Menschen« spricht (Joh 11, 50), ohne ihn als »Räuber«, als »Rebell«, oder als »Lügenprophet« zu verunglimpfen. Denn nicht um Jesus selbst ging es dem Kaiaphas und den Sadduzäern, wie gesagt, sondern um das wiederholt aufflackernde Volksbegehren, »ihn zum König zu machen« (Joh 6, 15), was dem mit Mühe und durch Stillhalten erreichten modus vivendi mit der römischen Weltmacht in äußerste Gefahr bringen mußte.

An Beispielen von der Opferbereitschaft einzelner zur Rettung des Volkes oder bedrohter Menschengruppen fehlt es in der jüdischen Überlieferung keineswegs. So war schon Moses bereit, »aus dem Buch des Lebens getilgt zu werden« (Ex 32, 32) anstelle seines Volkes, das Gott nach der Anbetung des goldenen Kalbes zerstören wollte.

Der Prophet Jona bittet die Matrosen: »Werft mich ins Meer!« (Jona 1, 12), um den Sturm zu stillen, der wegen ihm das Schiff in große Seenot gebracht hatte – was auch geschah, und »da wurde das Meer still« (Jona 1, 15). Und erwähnt sei der Jönig Jojachin, der sich freiwillig in die Babylonische Gefangenschaft begab, um

35. Jüdischer Krieg 5, 405 f. und 4, 160 ff.

Jerusalem vor der Zerstörung durch Nebukadnezar zu erretten (2 Kö 24, 10–12).[36] Nicht zuletzt gilt Jesaias Leidender Gottesknecht, »der unsere Krankheit trug und auf sich unsere Schmerzen lud« (Jes 53, 4), als Symbolgestalt für alle Aufopferungen einzelner, die »um der vielen willen« in den Tod gegangen sind. Da es sich in der Versammlung »der Hohepriester« (Joh 11, 47) um keine ordentliche Sitzung des ganzen Hohen Rates handelt, wie der johanneische Text erkennen läßt, sondern eher um die eilige Einberufung eines Krisenstabes, um in Sachen Jesu zu beratschlagen, liegt die Parallele mit der Hans-Martin-Schleyer-Affäre nahe: Auch im September–Oktober 1977 ging es bei den Sitzungen des Bonner Krisenstabes um die prinzipielle Frage, ob es nicht besser wäre, »einen einzelnen Menschen« zugunsten der Staatsraison zu opfern – oder den einzelnen zu retten auf Kosten der Freipressung überführter Terroristen und der Gefährdung der öffentlichen Sicherheit. Unter historisch ganz verschiedenen, aber moralisch vergleichbaren Umständen wurde in Jerusalem und in Bonn derselbe Beschluß gefaßt. Was die Rolle der Sadduzäer in Sachen Jesu betrifft, sei noch auf Dostojewski hingewiesen, der in seiner Erzählung vom »Großinquisitor« in unerbittlicher Schärfe behauptet, »daß auch ein christliches Kirchenregime letzten Endes wohl gar nicht so anders handeln würde.«[37] Das Fazit: Falsch ist nicht nur die Pauschalanklage, »*die Juden*« haben Jesu Tod verursacht, sondern auch die Pauschalabsage, »kein Jude« hätte etwas mit Jesu Tod zu tun gehabt. Ohne die Anzeige des Kaiaphas, die Jesus mit seiner »*Tempelreinigung*« (Mt 21, 12–17; Mk 11, 15–19 etc.) verursacht hatte, hätte Pilatus höchstwahrscheinlich die Verhaftung Jesu nicht veranlaßt, noch hätte er ihn hierauf zum Tode verurteilt.

Eine vierte Antwort bezichtigt »die Pharisäer« der Hauptschuld an der Verkettung der Geschehnisse, die Jesu letzten Endes ans Kreuz brachten. Und in der Tat, wer die Evangelien wörtlich nimmt, muß folgern, daß diese Pharisäer eine Gruppe von engstirnigen, rechthaberischen Legalisten waren, die hartnäckig auf »den Buchstaben« der Gesetze pochten, während Jesus stets den

---

36. Jüdischer Krieg 6, 103–106.
37. W. Zimmerli, Die Schuld am Kreuz, Neukirchen 1964, S. 17–30.

Geist der Liebe hervorzuheben bestrebt war. In 98 Stellen im Neuen Testament werden sie als die hauptsächlichen Widersacher der christlichen Frohbotschaft dargestellt und als selbstgerechte Heuchler, Frömmler und Scheinheilige beschimpft. Kein Wunder also, daß sie angeblich zu den unversöhnlichen Feinden Jesu werden mußten, der ihnen ein Dorn im Auge war, so daß sie mit allen Mitteln versuchten, sich seiner zu entledigen – was ihnen letztlich auch gelang.

So weit der Schein – doch er trügt.

In Wirklichkeit gingen die Pharisäer zurück auf die Rückkehrer aus der Babylonischen Verbannung im vierten vorchristlichen Jahrhundert, als man nach einer geistig-religiösen Erneuerung suchte, die nicht nur auf einen (zerstörbaren) Tempel in Jerusalem konzentriert bleiben müsse, sondern auch das Landvolk in den Kleinstädten und den entferntesten Dörfern umfassen sollte. Durch die mündliche Überlieferung bereichert, war ihre Schriftauslegung progressiv und dynamisch. Ihre Lehren waren anpassungsfähig und stets darauf bedacht, das Leben zu fördern, den Vorrang der Liebesgebote zu betonen, die Torah konsequent zu erfüllen und den Alltag im Geist der Bibel zu heiligen. Sie waren demokratisch, insofern als sie eine Mehrzahl von Schulen hervorbrachten, inmitten des Volkes als Handwerker und Arbeiter lebten und ihre Beschlüsse nach der Mehrheit faßten. Sie waren tolerant unter sich, selbstkritisch in ihren Äußerungen, aber rigoros in den fundamentalen Bibelgeboten; politisch neutral, wenn die Staatsmacht nicht in ihr religiöses Leben eingriff, aber bereit zum Widerstand, wenn es nötig war. Dank ihrem Bestreben, ihre Torahtreue zum Leitstern ihres Lebens zu machen, wurden sie bald als Lehrer des Volkes und als geistige Führer des Judentums anerkannt.

Aus ihrer Mitte ging der Rabbinismus hervor, der nach der Zerstörung des Tempels im Jahre 70 n. Chr. dem geschlagenen Volk die Kraft zum Überleben einflößen konnte. Als maßgebliche Träger des religiösen Glaubensgutes kodifizierten sie den Kanon der Hebräischen Bibel, verfaßten im Laufe eines jahrhundertelangen Lehr- und Diskussionsverfahrens den Talmud und gaben der Synagoge ihre bis heute gültige Funktion und Bedeutung. Kurzum: Die Pharisäer waren in ihrer überwiegenden

Mehrheit fast genau das Gegenteil vom sprichwörtlichen »Pharisäer«, der im Zuge seiner Entstellung in den Evangelien bis heute im Volksmund als Synonym für Heuchler und Paragraphenreiter verfehmt wird. Wie kam es aber zu diesem Zerrbild, das aller historischen Fairness Hohn spricht?

Die Antwort ist in der großen Schicksalsscheide des Jahres 70 zu finden, das für das Altertum so einschneidend war wie das Jahr 1945 für unsere Generationen.

Der Tempel lag in Trümmern, Jerusalem war zerstört, und ganz Judäa erlitt eine entscheidende Niederlage durch die römischen Legionen des Titus. Mit dieser nationalen Katastrophe verschwanden sowohl die Sadduzäer als auch die Essener aus der Weltgeschichte. Übrig blieben nur noch die Pharisäer, die, auf Tausende von Synagogen über das ganze Land verstreut, die Zerstörungswut der siegreichen Römer überstehen konnten.

Als einzige Führerschaft eines dezimierten Volkes, das am Rande der Verzweiflung stand, beschlossen sie, fast intuitiv, die Reihen zu schließen, ihren liberalen Glaubenspluralismus einem klar definierten Einheitskodex von Regeln und Normen unterzuordnen, um dem »heiligen Rest« einen verläßlichen Halt im Glauben und Leben zu bieten. Im Zuge dieser notbedingten Straffung der Halacha – der rabbinischen Schriftauslegung für alle Bereiche des Lebens – mußten alle Heterodoxien und Dissidenten ausgeschlossen werden, um *einer* autoritativen Regelung zu weichen.

So war die unvermeidliche Folge, daß die Pharisäer nach dem Jahre 70 schrittweise zu den Gegnern der noch unsicheren Kirche werden mußten.

Die junge Heidenkirche jedoch hatte schon mit Ausbruch des Jüdischen Krieges im Jahre 66 n. Chr. alles Interesse daran, sich von den als »Rebellen« verrufenen Pharisäern zu distanzieren. In der ebenso unvermeidlichen Folge verwandelten die Evangelisten – wie die Hagiographien der meisten Religionen – ihre eigenen Gegner zu den Gegnern Jesu, indem sie ihre Auseinandersetzungen ein halbes Jahrhundert zurück in das apostolische Zeitalter projizierten. Die eigentlichen Gegner Jesu, die Sadduzäer, gab es ja nicht mehr, und ihre Lehren waren für die Evangelisten nicht mehr relevant.

So kam es dazu, daß der Jesus des Matthäus die Pharisäer

pauschal als »*Heuchler*« verdammt, als »*Nattern*« und »*Schlangengezücht*« verunglimpft; sie stellen sich den Leuten »*zur Schau*« und lassen sich mit »*Meister*« titulieren; sie verschließen »*das Himmelreich den Menschen*«; verrichten »zum *Schein lange Gebete*«; machen jeden, der an sie glaubt, »*zum Sohn der Hölle*«; sie sind »*Narren und Blinde*«; sie vernachlässigen »*Recht, Barmherzigkeit und Treue*«; sie sind »*Prophetenmörder*« und sie werden »*dem Gericht der Hölle nicht entrinnen*« (Mt 23, 13–39).

Was bei all diesen und anderen Schimpftiraden auf der Strecke bleibt, ist nicht nur die Wahrheit, sondern auch Jesu Sanftmut, seine oft betonte Versöhnlichkeit, aber vor allem sein Gebot der Feindesliebe (besser: Entfeindungsliebe). Zu kurz kommen aber auch die zahlreichen ursprünglichen Hinweise in den Evangelien, die die Lichtseiten der Pharisäer hervorheben und ihr freundschaftliches Verhältnis zu Jesus bezeugen.

So war Jesus des öfteren als Gast bei Pharisäern eingeladen (Lk 11,37 und 14, 1) ; »einige Pharisäer« warnten Jesus beizeiten vor der Hinterlist und dem Mordplan des Herodes (Lk 13, 31); Nikodemus, der Pharisäer, kam zu Jesus bei Nacht und bekannte: »Rabbi, wir wissen, daß Du als Lehrer von Gott gekommen bist« (Joh 3, 1–2); in den Auseinandersetzungen mit den Sadduzäern treten Pharisäer auf Seiten Jesu auf (Lk 20, 39) und erweisen sich später als Verbündete der ersten Christen (Apg 23, 8 f.; 26, 5–8); Pharisäer war ebenso Joseph von Arimatäa, der Jesu Leichnam von Pilatus erbat – ein politisch riskantes Unterfangen –, um ihn ehrenvoll nach jüdischem Ritus zu bestatten (Lk 23, 50–53); das Schulhaupt der Pharisäer war Gamaliel, der die verhaftete Apostelschar mit Erfolg vor dem Synhedrion verteidigte und ihre Freilassung erwirken konnte (Apg 5, 38–39); und als »Pharisäer, ein Sohn von Pharisäern« sowie als Schüler desselben Gamaliels bekennt sich voll Stolz der Heidenapostel Paulus (Apg 23, 6; 25, 5; Phil 3, 5).

Schließlich sprach Jesus den Pharisäern nie die Lehrgewalt ab, sondern predigte: »Auf dem Lehrstuhl Moses sitzen die Schriftgelehrten und die Pharisäer. Alles nun, was sie Euch sagen, das tut und befolgt!« (Mt 23, 2–3) Zu guter Letzt: Wenn Jesus im Neuen Testament vierzehn Mal als »Rabbi« angesprochen wird, – ein pharisäischer Würdetitel, der den anderen Schulen im

Judentum fremd war –, so kann das nur besagen, daß er in pharisäischen Kreisen verkehrte, ja, daß er von vielen Juden für einen Pharisäer gehalten wurde.

Typisch für die redaktionelle Verfeindung und Entwürdigung der Pharisäer sind die drei Berichte über »die Frage nach dem Ersten Gebot«. Bei Markus als dem ältesten Evangelium durchzieht der Geist der Kollegialität die ganze Perikope (Mk 12, 28–34): Einer der führenden Pharisäer stellt Jesus eine prüfende Frage betreffs seines Glaubens; Jesus antwortet mit dem Glaubensbekenntnis Israels (Dt 6, 4), wobei er zwei Bibelstellen (Dt 6, 5 und Lev 19, 18) zur großen Doppelliebe vereint – eine Aussage, die sein Befrager begrüßt und mit Nachdruck bestätigt.

Nach einem weiteren freundlichen Wortwechsel lobt Jesus den Pharisäer, worauf die beiden in einer Atmosphäre von gegenseitiger Achtung und Übereinstimmung auseinandergehen.

Bei Matthäus (22, 34-40) und bei Lukas (10, 25–28) wird aus dem von Jesus respektierten Schriftgelehrten schrittweise der »böse Pharisäer«, der Jesus »versuchen« will, nur um ihm eine Falle zu stellen. Das ganze Gespräch wird als bewußte Konfrontation und Provokation durch einen Pharisäer geschildert. Demgemäß wird dann sowohl seine »verständige« Antwort als auch Jesu Lob, daß er »dem Reich Gottes nicht ferne sei«, einfach weggelassen. Und das Bekenntnis Jesu zum Gott Israels als dem »Alleinigen Herrn«, das bei Markus dem Gebot der Doppelliebe vorangeht und vom Pharisäer mit »trefflich, Rabbi!« quittiert wird, fehlt ebenso – sowohl bei Matthäus als auch bei Lukas. Im vierten Evangelium fehlt, folgerichtig, jedwede Spur von diesem grundsätzlich freundschaftlichen Dialog.

Daß die Markusversion hier der historischen Wahrheit entspricht, findet Bestätigung im Vatikan: »Jesus teilt mit der Mehrheit der damaligen palästinensischen Juden pharisäische Glaubenslehren: die leibliche Auferstehung; die Frömmigkeitsformen Wohltätigkeit, Gebet, Fasten (vgl. Mt 6, 1–18) sowie die liturgische Gewohnheit, sich an Gott als Vater zu wenden; den Vorrang des Gebots der Gottes- und der Nächstenliebe (vgl. Mk 12, 28–34).« (»Hinweise für eine richtige Darstellung von Juden und Judentum in der Predigt und in der Katechese der katholischen Kirche«, veröffentlicht von der »vatikanischen Kommission für die Religiösen Beziehungen zum Judentum«, Der Vatikan, Mai 1985, § 17).

Um das Bild abzurunden, muß hier betont werden, daß Jesus keine »Streitgespräche« mit den Pharisäern geführt hat, sondern lediglich *Lehrgespräche*, wie sie der traditionellen rabbinischen Dialogik entsprechen. Bibelauslegung wird nämlich bis heute unter Rabbinern und ihren Schülern oft im leidenschaftlichen Zwiegespräch geführt – aus der uralten Einsicht, daß der Monolog die schlechteste Methode der Wahrheitssuche ist, der engagierte Dialog hingegen die allerbeste.

Aber wie steht es um die so häufig betonte Feindschaft der Pharisäer? »Die Pharisäer aber gingen hinaus und hielten Rat gegen ihn (Jesus), um ihn zu verderben«, so heißt es bei Matthäus (12, 14). »Darauf gingen die Pharisäer hin und beratschlagten, wie sie ihn (Jesus) durch ein Wort fangen könnten« (Mt 22, 15). »Die Schriftgelehrten und die Pharisäer lauerten ihm auf (...), damit sie eine Anklage gegen ihn finden könnten« (Lk 6, 7).

»Die Pharisäer hatten Befehle erlassen, daß jeder, der seinen (Jesu) Aufenthaltsort wisse, es anzeigen müsse, damit man ihn (Jesus) festnehmen könne« (Joh 11, 57). Diese und ähnliche Unterstellungen, an denen es in den Evangelien keineswegs fehlt, sind um so merkwürdiger, wenn man bedenkt, daß dieselben Pharisäer während der Passion und danach *nicht* unter den Gegnern Jesu zu finden sind, sondern eher unter seinen Anhängern: die »um ihn klagten und trauerten« (Lk 23, 27); die ihm auf dem Kreuzweg einen Betäubungstrank anboten (Mk 15, 23), um seine Todesqualen zu mildern; die »um ihn weinten« (Lk 23, 28); die ihn vom Kreuz abnahmen (Lk 23, 52–53) und ihn zu guter Letzt liebevoll bestatteten (Lk 23, 53–54). Seltsame Feinde in der Tat, die ihm »nachstellen«, ihn »verderben« wollen, ihm »auflauern« und ihn »anzeigen« wollen – nur um dann auf die Seite seiner Freunde überzugehen, wenn es auf Biegen oder Brechen geht!

Aus Rom kommt ein hilfreicher Denkanstoß zur Lösung dieses Rätsels. Die vatikanischen »Hinweise« erläutern, »daß gewisse feindselige oder wenig schmeichelhafte Erwähnungen der Juden im historischen Zusammenhang der Konflikte zwischen der entstehenden Kirche und der jüdischen Gemeinde stehen. Gewisse Polemiken spiegeln Bedingungen wider, unter denen die Beziehungen zwischen Juden und Christen *sehr lange nach Jesus* bestanden« (a. a. O., § 21 A).

Was die Schuld am Kreuz betrifft, heißt es in denselben »Hinweisen« aus Rom: »Es muß auch festgehalten werden, *daß die Pharisäer in den Passionsberichten nicht erwähnt werden.*« Diese amtliche, unmißverständliche Reinwaschung der Pharisäer von jedweder Mitschuld am Kreuz hat zwar lange auf sich warten lassen, läßt aber an Klarheit nichts zu wünschen übrig. »Gamaliel (hingegen) macht sich in einer Sitzung des Synhedrions (Apg 5, 34–39) zum Anwalt der Apostel.« (a. a. O. § 19) Wer jetzt noch immer darauf erpicht ist, Schuld bei den historischen Pharisäern zu suchen, sollte sich folgenden Satz aus dem erwähnten Vatikanischen Dokument zu Herzen nehmen: »Das Pharisäertum« im negativen Sinne kann *in jeder Religion* seinen Schaden anrichten.«

Eine fünfte Antwort weist mit erhobenem Zeigefinger auf Judas hin, der im Abendland zum Inbegriff »des Verräters« geworden ist. Wer jedoch die Evangelien ernst genug nimmt, um sie kritisch zu lesen, wird wohl Karl Barth beipflichten, der feststellt: »Man muß vor allem die merkwürdige Ruhe beachten, in der das Neue Testament von Judas Ischarioth berichtet (...) Genau genommen wird kein einziger Stein auf Judas geworfen.«[38] Angesichts der fortschreitenden Verdunkelung des Judasbildes in den vier Evangelien, bei den späteren Kirchenvätern und insbesondere in der Kirchenkunst ist es der Mühe wert zu betonen, daß Jesus den Judas nicht nur bei der Eucharistiefeier des Abendmals teilnehmen läßt, sondern ihm auch den Ehrenplatz bei der Sitzordnung (siehe S. 31 f.) zuweist. Hierzu bemerkt K. H. Rengstorf: »Das wichtigste an der Szene bei allen Evangelisten ist jedoch, daß sie nichts von einer Bitterkeit Jesu gegenüber seinem treulosen Jünger erkennen läßt. Er hat ihn auch nicht als unwürdig aus der Tischgemeinschaft entfernt, sondern sich sogar ihm gegenüber bis zuletzt als der schlechthin Gütige erwiesen.«[39]

Und da von der Tat des Judas nicht als »Verrat« berichtet wird, sondern als »der Hingabe« oder »Überlieferung« (paradidonai)

---

38. Kirchliche Dogmatik II/2, 509 ff.
39. Das Evangelium nach Lukas, Göttingen 1962, S. 242.

– ein Zeitwort, das im Neuen Testament sowohl bei Gottes Hingabe »seines eigenen Sohnes« (Röm 8, 32) als auch bei Jesu Selbsthingabe (Gal 2, 20) verwendet wird, kann Karl Barth textgetreu folgern: »Bevor Judas Jesus überlieferte, hat Gott Jesus, und Jesus sich selbst überliefert.« Und um diese aufregende Tatsache auf die Spitze zu treiben, präzisiert der Schweizer Theologe ein zweites Mal: »Gott hat so gehandelt, wie Judas gehandelt hat.«[40] Im österlichen *Exultet* lautet das Gebet der Kirche:

»Oh umfassende Liebe Des Vaters! Um den Knecht zu erlösen, gabst Du den Sohn dahin! Oh wahrhaft heilbringende Sünde des Adam, Du wurdest uns zum Segen, da Christi Tod Dich vernichtet hat. Oh glückliche Schuld, welche großen Erlöser hast Du gefunden!«

Wenn dies mit Joseph verglichen wird, der seine Brüder, die ihn »verkauft« und »überliefert« hatten, zu trösten vermag mit den Worten »Ihr habt (zwar) Böses gegen mich geplant; Gott aber hat es umgeplant« (Gen 50, 19 f.), so »ist es ohne Zweifel legitim zu fragen, wie der katholische Theologe Meinrad Limbeck schreibt, »ob der Tat des Judas im Lichte des österlichen ›Oh felix culpa‹ nicht doch auch eine heilvolle Bedeutung abgewonnen werden könnte.«[41] Hier sei mir eine Hypothese gestattet. Auf keinen anderen Text aus der hebräischen Bibel wird im Neuen Testament so oft und so nachdrücklich angespielt, um die Heilsbedeutung der Passion biblisch zu belegen, als auf den vierten Hymnus Jesaias vom Leidenden Gottesknecht.

In den Evangelien und in den Paulusbriefen wird jeder der fünfzehn Verse (Jes 52, 13–53, 12) entweder zitiert oder paraphrasiert, wobei es sich entweder um den hebräischen Grundtext, um die griechische Übersetzung der Septuaginta oder um eine der drei hauptsächlichen aramäischen Versionen (Targum) handelt.

Nun lautet aber die Schlüsselstelle in Jes 53, 5 in den Targumim: *Itmessar ba 'aviatana*, das heißt »Er wurde (oder: er hat sich)

40. a. a. O., S. 543.
41. H. L. Goldschmidt/M. Limbeck: Heilvoller Verrat? Judas im Neuen Testament, Stuttgart 1976, S. 88.

dahingegeben um unserer Sünden willen«, ein zentraler Topos für die Heilstod-Lehre, die nicht weniger als neunmal im Neuen Testament widerhallt (Joh 3, 16; Röm 4, 25; Röm 8, 32; Gal I, 4; 2, 20; Eph 5, 2; Eph 5, 25; Hebr 11, 17; Tit 2, 14). Das gilt auch für den paulinischen Einsetzungsbericht des letzten Abendmahls (I Kor 11, 23), der höchstwahrscheinlich die älteste Tradition wiedergibt.

Da sowohl der aramäische Text als auch viele der späteren griechischen Versionen von Gott als dem »Überlieferer« oder »Dahingeber« oder von einem »Dahingegebenwerden« Jesu sprechen, so erheischt es die Logik des gläubigen Weitererzählens, daß zum irdischen Vollzug dieser Tat ein Täter gefunden werde.

Dazu, so scheint es, eignet sich Judas am besten — worauf es dann zum »Auslieferer« kam. Daß die ursprüngliche apostolische Tradition nur von einem »Überliefertwerden« Jesu weiß, bestätigt Paulus, der älteste Schriftzeuge im Neuen Testament, der keinen »Überlieferer« noch einen »Verräter« Jesu kennt — ein merkwürdiges Schweigen, das wohl kaum auf Vergeßlichkeit zurückzuführen ist.

Wie dem auch sei, wir wissen nichts über die Motive dieses Jüngers. War es Enttäuschung an Jesus? War es messianische Ungeduld? Oder ein Akt des Glaubens? Oder Erfüllung eines Auftrags?

Mit an Sicherheit grenzender Wahrscheinlichkeit aber dürfen wir unlautere Beweggründe ausschließen.

Belegt ist, daß es ihn gereut hat und daß er Buße getan hat. Ebenso sicher ist es, daß Jesu Kreuzwort »Vater, vergib ihnen, denn sie wissen nicht, was sie tun« (Lk 23, 34) auch ihn miteinbeschlossen hat. Der Rest bleibt uns verborgen.[42] *Eine sechste Antwort* entnehme ich der protestantischen Zeitschrift »The Christian Century« (vom 17. Juni 1964), eine der führenden christlichen Veröffentlichungen in Nordamerika. Dort heißt es aus der Feder eines evangelischen Bischofs: »Der Mythos vom Gottesmord ist reine Gotteslästerung. Niemand nahm das Leben

---

42. Weitere Einzelheiten dazu in dem Kapitel »Judas – verraten und verkannt?«

Christi. Er legte es freiwillig nieder und gab es als »Lösegeld für viele«, für »die Sünden der ganzen Welt«. Darf der Name Christ einem Menschen beigelegt werden, der seine eigene Schuld auf ein Volk abwälzt, das zur Zeit der Kreuzigung bereits zum größeren Teil unter die Völker zerstreut war und das als Gesamtheit nicht einmal wußte, daß Jesus überhaupt existierte? Mit anderen Worten: Nach den Evangelienberichten war Jesu gewaltsamer Tod eine Sache von heilsgeschichtlicher Unvermeidlichkeit. Jesu Kreuzigung war demzufolge weder ein Unglück noch eine Überraschung, sondern vielmehr das Herzstück der göttlichen Vorsehung.

Wäre er nicht überliefert, verurteilt und gekreuzigt worden, so wäre aus christlicher Sicht der Heilsplan Gottes vereitelt worden. Hätte Jesus sein Leben friedlich als greiser Zimmermann in Nazareth beendet – wo bliebe dann die Vergebung der Sünden, die Auferstehung von den Toten und die Unsterblichkeit der Seele aller Christusgläubigen? Wenn er sterben *sollte* und *mußte*, wie sowohl Paulus als auch Lukas, Markus und Johannes wiederholt betonen, »*nach Gottes Ratschluß*« und »*zum Heil der Welt* – welcher Christ kann dann von einem »Gottesmord« sprechen, wenn alle vier Evangelien die Passion als die Erfüllung einer göttlichen Verheißung darstellen?

Hierzu gesellt sich ein zweiter Faktor: Gott allein, und nur er, ist der im Kreuzesgeschehen letztlich Handelnde – eine christliche Glaubenswahrheit, die sowohl Petrus als auch Paulus bestätigen. Und so heißt es in der Pfingstpredigt des Petrus: »Jesus von Nazareth (...), der durch Ratschluß und Vorsehung Gottes dahingegeben wurde« (Apg 2, 23). Und in der zweiten Petruspredigt in Jerusalem lesen wir: »Gott hat so erfüllt, was Er durch den Mund aller Propheten vorhergekündet hat: daß Sein Christus leiden *sollte*« (Apg 3, 18). Im Römerbrief lesen wir: »*Gott (...), der seines eigenen Sohnes nicht geschont hat, sondern ihn für uns alle dahingegeben hat*« (Röm 8, 32) – wobei, was Gott tut und was Judas macht, mit ein und derselben Vokabel beschrieben wird: paradidonai – auf deutsch: übergeben. Kurzum: »*Christus ist gestorben gemäß den Schriften*« (I Kor 15, 3), und wie Gösta Lindeskog zusammenfaßt: »Gott selbst übernimmt die Verantwortung für das Kreuz Christi.[43] Hierzu gesellt sich der neutestamentliche Textbefund, demgemäß Paulus keinen Verräter Jesu kennt, dem vierten Evangelium ein jüdischer Prozeß Jesu unbekannt ist und, nicht zuletzt, die Pharisäer in den Passionsberichten fehlen.

Wer da noch Sündenböcke zu suchen gewillt ist, stellt als Christ Gottes Heilsvorhaben in einer Weise in Frage, die im Grunde lästerlich ist. Denn wenn das Kreuz als Liebestat Gottes verstanden wird (Phil 2, 6−8; Gal 1, 4; 2, 20), als Akt des Gehorsams Jesu (Phil 2, 8; Röm 5, 19), weil er »*für unsere Sünden*« starb; (I Kor 15, 3; Gal 1, 4), »*für alle*« (Röm 8, 32), wenn sein stellvertretender Sühnetod (2 Kor 5, 15 f.) ein freiwilliger Opfergang war (I Kor 5, 7, Eph 5, 2), wenn Christus »*das erleiden mußte*« (Lk 24, 26) − dann konnte es ohne Golgotha keine Auferstehung geben, ohne Kreuzestod kein Kirchenheil, ohne seine Hinrichtung keine Erlösung noch Versöhnung für die Heidenwelt.

Hieraus ergibt sich jedoch auch eine unumgehbare Pan-ökumenische Schlußfolgerung: Wenn Jesus »für uns alle« gestorben ist (Röm 8, 32), wenn »durch sein Blut am Kreuz (...) *alles* auf Erden mit Gott versöhnt wurde« (Kol 1, 20), ja, wenn er als Sühneopfer starb, »nicht nur für unsere Sünden, sondern für (die Sünden) *der ganzen Welt*« (I Joh 2, 2) − wie kann man dann seinen Opfertod zum Kirchenmonopol einengen? Ist er denn *für alle* gestorben *außer* seinem geliebten Volk Israel, dem all sein irdisches Leben und Streben galten? Wo steht das geschrieben? Wie konnte dieser Rabbi Jesus, dessen Liebe für ganz Israel samt seinen Sündern, Abtrünnigen und verlorenen Schafen so beredt aus all seinen Worten und Taten sprechen, der Heidenwelt die Erlösung bringen − nur um sein eigenes Fleisch und Blut mit Verworfenheit zu bestrafen? Wann und wo hat er das je gesagt? Und wenn nicht er − wer maßt sich dann die Vollmacht an, zu hassen, wo er liebte, zu strafen, wo er vergab, zu verwerfen, wo er nur zu heilen und zu segnen kam?

Wenn also sein Tod sowohl freiwillig als auch heilsnotwendig war, sollte man dann nicht aus dem Teufelskreis des Schuldsuchens endlich ausbrechen, um alle, die irgendeine Rolle im

43. Die Jesusfrage im neuzeitlichen Judentum, Uppsala 1938, S. 336.

Drama der Passion zu spielen hatten, als gottgewollte Werkzeuge der himmlischen Vorsehung zu erachten?

Dies führt uns zur *siebten Antwort* auf die Schuldfrage, die schriftgemäß feststellt, daß Jesus selbst seinen Weg zum Kreuz bejaht hat. Mehr noch: Er hat keinerlei Versuch unternommen, sich der Gefangennahme zu widersetzen oder zu entziehen und sich vor Pilatus rechtskräftig zu verteidigen, noch hat er danach einen der vielen Fluchtwege ergriffen, die ihm bis zu Golgotha frei offenstanden, wie wir es aus der jüdischen Überlieferung in ähnlichen Fällen (zum Beispiel durch Bestechung der Legionäre) kennen. In den drei Leidensankündigungen hat Jesus seine Jünger auf sein Ende am Kreuz wiederholt hingewiesen. So konnte er sagen: »*Niemand nimmt mir mein Leben, sondern ich lasse es von mir selbst*« (Joh 10, 18). Im gleichen Zusammenhang des Laubhüttenfestes in Jerusalem proklamiert Jesus: »*Ich lasse mein Leben für die Schafe*« (Joh 10, 15).

Als Petrus im Garten Gethsemane Jesus vor seinen Henkern schützen wollte, verbot ihm dies Jesus mit dem Hinweis, daß ihm »mehr als zwölf Legionen von Engeln zur Verfügung stünden, um ihn zu verteidigen« (Mt 26, 53). Jedoch wußte er von der Stunde und der bestimmten Zeit, die jetzt vor ihm stand. Vorwurfsvoll befiehlt er daher dem Petrus, aller Gewalt zu entsagen, denn »*den Becher (des Leidens), den mir der Vater gegeben hat, soll ich ihn nicht trinken?*« (Joh 18, 12) Jesus hatte sich zuvor im Garten Gethsemane zu dem bewegten »*Ja, Vater*« (Lk 22, 42) durchgerungen, um im Aufblick zu Gott den Weg ans Kreuz zu gehen.

In diesem Sinne sagt er auch zu Pilatus, der ihn zum Tode verurteilt: »*Du hättest keine Vollmacht gegen mich, wenn sie Dir nicht von oben gegeben wäre*« (Joh 19, 11). Jesus verstand sich, dem vierten Evangelium gemäß, von Anfang an als »*das Lamm Gottes*«, das »*für die Sünden der Welt*« sterben mußte. Jesus wußte, worum es ging, als er am Kreuz ausrief: »Es ist vollbracht!« (Joh 19, 30)

Seine Jünger jedoch hatten trotz aller Leidensankündigungen dieses »Geheimnis des Kreuzes« nicht verstanden. So gingen auch die Emmausjünger nach der Kreuzigung Jesu enttäuscht nach Hause zurück. Jesus gesellte sich als der Auferstandene zu ihnen und erklärte ihnen die Schrift:

»*Mußte* nicht Christus solches leiden und zu seiner Herrlichkeit eingehen? Und er fing an, bei Mose und allen Propheten, und legte ihnen in der ganzen Schrift aus, was darin von ihm gesagt wird« (Lk 24, 26). In den Worten der vatikanischen »Hinweise«: »Christus hat (...) in Freiheit, um der Sünde aller Menschen willen, sein Leiden und seinen Tod (...) auf sich genommen.«[44] Und dennoch gibt es noch eine *achte Antwort* auf das Mysterium vom Qualentod des Nazareners, die weder »Gottesmord« noch Judenschuld benötigt – wohl aber eine ernstgemeinte Nachfolge Christi:

»Nun, was Du, Herr erduldet
Ist alles meine Last,
Ich hab' es selbst verschuldet,
Was Du ertragen hast.«

So heißt es im berühmten Bußlied von Paul Gerhardt (1607–1676), das heute in beiden Großkirchen gesungen wird. Hier geht es um dieselbe christliche Heilswahrheit (I Kor 15, 3; Röm 3, 25; Röm 5, 12 etc.), die derselbe leidgeprüfte Kirchendichter in einem anderen Lied noch anschaulicher zum Ausdruck bringt:

»Ich, ich und meine Sünden,
Die sich wie Körnlein finden
Des Sandes an dem Meer,
Die haben Dir erreget
Das Elend, das Dich schläget,
Und Deiner Martern dunkles Heer.

Ich bin's, ich sollte büßen,
An Händen und an Füßen
Gebunden in der Höll;
Die Geißeln und die Banden
Und was Du ausgestanden,
Das hat verdienet meine Seel.«

Eine wahrlich christliche Antwort ist es, die der junge Martin Luther – derselbe Luther, der später als militanter Judenfeind

44. a. a. O., § 22.

berühmt geworden ist – in einer seiner Kirchenhymnen noch verdeutlicht:

»Unsere große Sünde
Und schwere Missetat
Jesum, den wahren Gottessohn,
Ans Kreuz geschlagen hat.«

Drum wir Dich, armer Judas,
Dazu der Juden Schar
Nicht feindlich dürfen schelten,
Die Schuld ist unser gar.« (EA 56, 359)

In dieser Beziehung ließ auch die katholische Kirche schon im 16. Jahrhundert nichts an Klarheit zu wünschen übrig.
Im Trienter Katechismus vom Jahre 1570, in dessen Vorwort gesagt wird: »Kein anderes Wort stellt so genau und so umfassend die authentische Lehre der Kirche dar«, heißt es:
»Unser Glaube lehrt uns: Als auf Befehl des Cäsars Tiberius Pontius Pilatus in Judäa herrschte, ward Christus der Herr ans Kreuz genagelt (...) An dieser Schuld müssen wir all jene beteiligt erachten, die wiederholt in Sünde verfallen; denn um unserer Sünden willen erlitt Christus den Kreuzestod, und jene, welche in Sünden und Laster schwelgen, ›kreuzigen Gottes Sohn von neuem und spotten seiner‹ (Hebr 6, 6), und unsere Christenschuld hieran ist wahrlich tiefer als die der Juden gewesen, indem es so ist, wie der Apostel (Paulus) sagt:
›Wenn sie es gewußt hätten, sie würden den Herrn der Herrlichkeit niemals gekreuzigt haben‹ (I Kor 2, 8). Wogegen wir (Christen), die wir bekunden, ihn erkannt zu haben und ihn dennoch durch unsere Werke verraten – wir legen Hand an ihn und fügen ihm Leid zu.« So weit der katholische Katechismus des Konzils von Trient, der sowohl in den Vatikanischen »Hinweisen« vom Mai 1985 als auch in der Erklärung der Deutschen Bischöfe »Über das Verhältnis der Kirche zum Judentum« (28. April 1980) ausführlich zitiert wird. Bestrebt, den letzten Zweifel auszuräumen, drehen die Bischöfe in Fulda dabei den alten »Schuld-Spieß« endgültig um:
»Wir sollten, statt anderen die Schuld am Kreuzestod Jesu aufzu-

rechnen, an unsere eigenen Sünden denken, durch die wir alle am Kreuz Jesu mitschuldig geworden sind.«[45] Die katholische Kirche hatte also vor vier Jahrhunderten den Mut, öffentlich zu erklären, daß letztlich Pilatus die Verantwortung für den Mord an Jesus trägt; daß zwar die ganze Menschheit durch ihre Sünden Jesu Opfertod verursacht hatte, daß jedoch der Schuldanteil der Christen »tiefer« sei als der der Juden und daß sündige Christen – was sicherlich die Verleumder und Ankläger ihrer jüdischen Mitmenschen einschließt – Jesus erneut »ans Kreuz schlagen«. Um nicht hinter ihrem »Kirchenvater« zurückzubleiben, haben auch die Lutheraner derselben Ansicht einprägsamen Ausdruck verliehen. So heißt es nun in den Worten der Vereinigten Evangelisch-Lutherischen Kirche Deutschlands: »Wer ist schuld am Tode Jesu? Das neutestamentliche Zeugnis stellt eindeutig fest: Jeder ist schuldig. Am Prozeß Jesu wird deutlich, daß gegenüber dem Angebot der Liebe Gottes alle Menschen damals wie heute versagen (Röm 3, 23). So gesehen sind wir alle ›Christusmörder‹.«[46] Einen Wink mit dem Zaunpfahl liefert zu guter Letzt Joseph Kardinal Ratzinger den Bewohnern von Oberammergau in seiner Predigt in ihrer Pfarrkirche am 18. Mai 1980 zur Eröffnung der Passionsspiele: »In den Passionsspielen wird nicht die Schuld anderer dargestellt, sondern uns wird der Spiegel vorgehalten. Aber vor allem: Uns begegnet im gekreuzigten Christus die Liebe, die den Haß überwindet und die Sünde vergibt.« Wenn diese redliche Antwort auf die leidige Schuldfrage schon seit dem 16. Jahrhundert in beiden Großkirchen als Glaubenslehre anerkannt wird, sollte diese Wahrheit nicht dann auch heute in der ganzen Breite des Kirchenvolkes wirksam werden?

Eines steht fest: Woran Juden die Hauptschuld tragen, ohne Ausflüchte noch Entschuldigungen, sind vor allem vier Tatbestände:

1. *Als Volk haben sie Jesus hervorgebracht und, unter Gott, der Welt geschenkt.*

45. a. a. O., S. 24
46. Was jeder vom Judentum wissen muß. Hg. von Arnulf H. Baumann, Gütersloh, [3]1985, S. 149 (GTB 1063).

2. *Es sind jüdisches Glaubensgut, hebräische Denkweisen und rabbinische Theologie, denen die Kirche ihren geistigen Mutterboden bis auf den heutigen Tag verdankt.*

3. *Aus Israels Mitte ging Paulus hervor, der die Frohbotschaft von der grenzenlosen Liebe Gottes in die heidnische Völkerwelt hin getragen hat.*

4. *Das Abendmahl, die Auferstehung und das Pfingstereignis, die drei Grundsteine des Christentums, waren jüdische Glaubenserlebnisse, die auf jüdischem Mutterboden zur Kirchengründung geführt haben.*

Diese vierfache *Schuld* sollten Juden offen gestehen, und ihrer sollten sie auch öffentlich in der christlichen Katechese, in der Kanzelpredigt und in der Theologenausbildung bezichtigt werden. Hier läge vielleicht ein pädagogisches Korrektiv für die bibelwidrige, blasphemische Anklage des sogenannten »Gottesmordes«, der heutzutage leider noch immer wieder seine Zählebigkeit unter Beweis zu stellen vermag.

Solch eine längst fällige Berichtigung, die nicht nur aus theologischen Gründen notwendig ist, sondern auch zur juridischen und historischen Wiedergutmachungsaufgabe aller wahrheitsliebenden Christen gehört – sie könnte zum Eckstein einer biblischen Aussöhnung werden zwischen den leiblichen Brüdern und den geistigen Jüngern Jesu von Nazareth, die so lange, so unnötig und so folgenschwer gegeneinander geglaubt und aneinander vorbeigelebt haben.

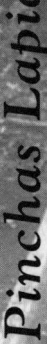

Pinchas Lapide
Paulus
zwischen
Damaskus und
Qumran
Fehldeutungen
und Übersetzungsfehler

GTB

Pinchas Lapide

Paulus zwischen
Damaskus und Qumran

Fehldeutungen und
Übersetzungsfehler.
3. Auflage. 129 Seiten. Kt.
[3-579-01425-0] GTB 1425

*D*as Christentum ist die einzige Religion, deren Heiland – der Rabbi Jesus von Nazareth – zeitlebens einer anderen Religion, dem Judentum, angehört hat. Es war dann der Jude Rabbi Saul von Tarsus, der die Kunde vom Gott Israels und die jesuanische Botschaft bis an die Enden der Welt verbreitete. Soll dieser umstrittene Mann in das Judentum heimgeholt werden? Das ist weder nötig noch möglich. Lapide korrigiert viele Übersetzungsfehler und falsche Deutungen der Botschaft des Paulus. Das richtige Licht auf diese Schlüsselfigur kann dem christlich-jüdischen Dialog neue Impulse verleihen.

Pinchas Lapide

Tel. 0 52 41 / 74 05 – 41
Fax 0 52 41 / 74 05 – 48
Internet: http://www.gtvh.de
e-mail: info@gtvh.de

Gütersloher
Verlagshaus